JN354749

저자소개

기획 / 김상욱

경희대학교 물리학과 교수. 예술을 사랑하고 미술관을 즐겨 찾는 '다정한 물리학자'. 카이스트에서 물리학으로 박사학위를 받았고, 독일 막스플랑크연구소 연구원, 도쿄대학교와 인스부르크대학교 방문교수 등을 역임했습니다. 주로 양자과학, 정보물리를 연구하며 70여 편의 SCI 논문을 게재했습니다.

글 / 김하연

프랑스 리옹3대학에서 현대문학을 공부했습니다. 어린이 잡지 <개똥이네 놀이터>에 장편동화를 연재하며 작품 활동을 시작했으며, 지금은 어린이와 청소년을 위한 글을 쓰고 있습니다. 쓴 책으로 동화 <소능력자들> 시리즈, <똥 학교는 싫어요!>, 청소년 소설 <시간을 건너는 집> 시리즈, <너만 모르는 진실>, <지명여중 추리소설 창작반>이 있습니다.

그림 / 정순규

자유로운 상상을 좋아하는 일러스트레이터. 고려대 생명과학부 졸업 후 좋아하는 일을 하기 위해 꿈을 찾아 그림을 그리기 시작했습니다. 부산 아웃도어미션 게임 <바다 위의 하늘 정원> 외 2개의 테마 그림 작업을 했습니다.

자문 / 강신철

과학 커뮤니케이터. 자연을 멍하니 바라보며 그 속의 진실을 찾아가는 과정을 좋아합니다. 알게 된 재밌는 이야기를 함께 나누는 것을 더욱 즐깁니다. 현재는 극단 <외계공작소>에서 과학과 인문학을 융합하는 과학 공연을 기획하고 있습니다. 서울대학교 물리교육과 박사과정을 수료하고 졸업을 향해 열심히 달려가고 있습니다.

어린이를 위한 세상의 모든 과학

물리박사 김상욱의
수상한 연구실
⑦ 자기: 왜 자꾸 끌려가지?

기획 김상욱 | 글 김하연 | 그림 정순규 | 자문 강신철

아울북

기획자의 글

물리를 알면 과학이 쉬워집니다.

어린 시절, 우리 모두 과학자였다면 믿으실 수 있나요? 땅속이 궁금해서 땅을 파보거나, 무지개 끝에 가보려고 하염없이 걸었거나, 장난감이 어떻게 작동하는지 궁금하여 분해해 본 적 있다면 여러분은 과학자였습니다. 어쩌면 과학자는 어린 시절의 흥미를 잃지 않고 간직한 사람인지도 모릅니다. 그렇다면 우리 어린이들이 과학에 대한 관심을 잃지 않도록 지켜야 하지 않을까요?

과학 중에서도 물리는 특별합니다. 오늘날 과학이라고 부르는 학문은 17세기 뉴턴의 물리학에서 시작되었다고 해도 과언은 아니기 때문이죠. 거칠게 말해서 현대과학은 물리의 언어와 개념을 사용하여 물리적 방법으로 수행되는 활동입니다. 화학에서 원자구조를 계산하고, 생명과학에서 에너지를 이야기하며, 전자공학에서 양자역학을 사용하고, 천문학에서 상대성 이론을 적용하는 것처럼 말이죠. 물리는 모든 자연에 들어있는 가장 근본적인 원리를 다루는 학문이기 때문입니다. 따라서 물리를 모르면 과학을 이해하기 힘듭니다.

과학자가 되지 않으면 물리를 몰라도 될까요? 현대는 과학기술의 시대입니다. 지난 200여 년 동안 일어난 중요한 변화는 대개 과학기술의 결과물입니다. 지금은 과학기술 없이 단 한 순간도 살 수 없는 시대라는 뜻입니다. 이제 과학은 전문가들만의 지식이 아니라 현대를 살아가는 상식이자 교양이 되었습니다.

어린이들은 물리가 다루는 여러 어려운 주제에 대해 이미 잘 알고 있으며 심지어 좋아합니다. SF영화에 단골로 등장하는 블랙홀, 빅뱅, 타임머신, 순간이동, 투명망토, 원자폭탄, 평행우주 등이 그 예죠. 하지만, 막상 수학으로 무장한 교과서 물리를 만나면 흥미를 잃어버립니다. 물리를 제대로 이해하려면 결국 수학도 알아야 하지만, 교양으로서의 물리를 알기 위해 수학이 꼭 필요한 것은 아닙니다. 사실 물리학자에게도 엄밀한 수식보다 자연에 대한 직관적인 이해가 중요한 경우가 많습니다. 이렇듯 어린이들이 이미 가지고 있는 물리에 대한 호기심을 일깨우고, 제대로 된 지식을 알고 싶다는 동기를 불러일으키는 것이 더 중요하다고 생각합니다.

출간 제안을 받았을 때, 과학학습만화 시리즈를 틈틈이 읽던 저의 어린 시절이 떠올랐습니다. 공룡과 곤충 이야기에는 흠뻑 빠졌지만, 물리를 다룬 이야기는 지루했던 기억이 납니다. 당시 물리 이야기도 공룡이나 곤충처럼 재미있게 읽었다면 좀 더 일찍 물리학자의 꿈을 키울 수 있지 않았을까 하는 상상도 해봅니다.

이 시리즈를 준비하며 저와 강신철 박사가 꼭 다뤄야 할 물리 개념을 정리했고, 그것을 바탕으로 김하연 작가가 어린이들이 정말 좋아할 이야기를 만들었습니다. 제가 등장하여 아이들과 미스터리를 풀어간다는 설정이 특히 마음에 드는데, 그 과정에서 중요한 물리 개념이 하나씩 등장하게 됩니다. 무엇보다 정순규 작가의 삽화가 너무 멋지고 사랑스러워서 더욱 몰입할 수 있을 거라고 기대합니다. 최선을 다해 만든 이 책을 읽고 많은 어린이들이 물리와 사랑에 빠지는 계기가 되길 기원합니다.

물리학자 김상욱

차례

- 저자소개 … 2
- 기획자의 글 … 4
- 등장인물 소개 … 8

① 이번 승리는 우리의 것! — 10
비밀 연구 일지 1 / 자석에는 왜 붙을까?

② 햇빛 마을의 새로운 소식 — 30
비밀 연구 일지 2 / 자기장, 눈에 보이지 않아도 존재해!

③ 저절로 굴러 들어온 행운 — 48
비밀 연구 일지 3 / 자기장과 전류는 무슨 관계일까?

4 혼란의 자기부상열차 시승식　　70
비밀 연구 일지 4　／　자기장이 전선을 움직이게 한다고?

5 그 남자의 정체는?　　102
비밀 연구 일지 5　／　빙글빙글 모터의 원리

6 끝날 때까지 끝난 게 아니야!　　122
비밀 연구 일지 6　／　필요할 때만 작동하는 자석이 있다?

- 물리 이데아 도감 : 자기 … 148
- 쿠키 … 150
- 8권 미리보기 … 158

등장인물 소개

김상욱 아저씨

'또만나 떡볶이'의 새 주인.
떡볶이 만드는 걸 물리보다 어려워하는 이상한 아저씨. 어딘가 어설프고 어리바리해 보이지만, 떡볶이집에 엄청난 비밀을 숨겨놓은 것 같다.

태리

떡볶이 동아리 '매콤달콤'의 리더.
활발하고 솔직한 성격으로 친구들에게 인기가 많지만, 가끔은 지나친 솔직함으로 친구들을 난처하게 만들기도 한다.

해나

'매콤달콤'의 브레인.
웬만해선 손에서 책을 놓지 않는 만큼 잡다한 지식을 알고 있다. 하지만 고지식하고 시큰둥한 성격의 소유자다.

건우

자타공인 '매콤달콤'의 사고뭉치.
공부가 세상에서 제일 싫지만 그중에서도 싫어하는 과목은 수학과 과학. 가끔씩 기발한 아이디어로 모두를 깜짝 놀라게 한다.

레드

마두식 회장의 최측근 비서.
마 회장이 누구보다도 믿는 엘리트 부하.
냉철함과 뛰어난 판단력을 자랑한다.
고집불통인 마 회장도 레드의
말이라면 신뢰하고 따른다.

마두식 회장

엔진 제조 회사 '에너지킹'의 회장.
'에너지킹'에서 만든 초강력 신형 엔진 덕분에
하루아침에 부자가 되었다.
세계인의 영웅이라 불리지만
거대한 음모를 숨기고 있다.

이룩한 박사

'또만나 떡볶이'의 전 주인.
까칠한 성격 탓에
'또만나 떡볶이'가 인기를 잃어버리는 데
한몫한 장본인. 언제, 어디로, 어떻게
사라졌는지 아무도 모른다.

블랙&화이트

마두식 회장의 부하 콤비.
마 회장이 하루에도 수십번씩 해고를
고민할 정도로 사고뭉치들이다. 어디로
튈지 모르는 성격에, 마 회장이 내린
지시를 까먹기 일쑤다.

벨라 요원

'이데아 수호 협회'의 요원.
겉으로는 까칠해 보이지만, 이데아를
잡는 데 필요한 준비물들을 가져다주는 등
김상욱 아저씨가 연락할 때마다
도움을 주러 등장한다.

# 1

이번 승리는 우리의 것!

마두식 회장이 이끄는 엔진 제조 기업, 에너지 킹.

마 회장, 블랙과 레드, 그리고 이룩한 박사가 넓은 회의실에 모였다. 여느 때보다 가라앉은 공기가 회의실 안을 맴돌았다. 늘 버럭버럭 화를 내는 마 회장이지만, 오늘은 평소보다 기분이 더더욱 좋지 않았다. 지금까지 나타난 아이디어들을 김상욱 박사에게 모조리 빼앗겼기 때문에. 그리고 회의 시간이 한참 지났는데도 나타나지 않는 화이트 때문에.

레드가 말했다.

"화이트가 너무 늦으니 일단 새로운 일정부터 보고드리겠습니다. 유명 방송국에서 회장님의 다큐멘터리를 만들고 싶어 합니다. 회장님께서 다양한 사회 활동을 하시는 모습과 회사에서 일하시는 모습을 촬영할 예정입니다."

"우리 기업의 긍정적인 이미지를 위해서입니다. 구체적으로 어떤 장면들을 촬영할지는 제가 이미 다 준비해 놨으니 걱정하지 않으셔도 됩니다."

마 회장은 못마땅한 얼굴로 입가를 씰룩였다. 방송에 나가려면 꾀죄죄한 양복을 입고 허름한 구두를 신어야 한다. 우주 진출을 꿈꾸는 혁신적인 기업가이자 검소한 환경운동가로 알려져 있으니까.

"지각한 주제에 빨리 앉아! 양치질도 안 해서 이나 썩고, 코앞에 있는 이데아도 못 잡고, 너희는 월급 받고 하는 일이 뭐야! 레드, 빨리 회의 시작해!"

마 회장의 불호령에 블랙과 화이트는 냉큼 자리에 앉았다.

일주일 전, 햇빛 수련원에서 열린 건강 쑥쑥 수련회.

태리와 건우, 해나는 수련원에 나타난 전기 이데아 또르를 눈앞에서 놓치고 말았다. 또르가 이데아 캔으로 빨려 들어가기 직전, 이상한 두꺼비 한 마리가 난데없이 나타나서 혓바닥으로 또르를 가로채 갔기 때문이다. 그리고 블랙과 화이트는 안타깝게도 그 광경을 가만히 지켜보고만 있었다.

레드가 회의실에 설치된 빔 프로젝터를 켰다.

"우선 지금까지의 상황을 정리하겠습니다. 이룩한 박사님이 우리와 힘을 합친 뒤로, 모두 여섯 마리의 이데아가 출몰했습니다. 빛, 중력, 원자, 소리, 열, 그리고 전기 이데아였죠. 아쉽게도 전기 이데아를 제외한 나머지 이데아들은 김상욱 박사가 포획했습니다."

마 회장의 입에서 불편한 신음이 흘러나왔다.

레드가 화면을 넘기자 김상욱 박사와 매콤달콤 삼총사, 그리고 벨라 요원의 사진이 떠워졌다.

레드가 보고를 이어 나갔다.

"김상욱 박사와 꼬맹이들을 만만하게 봐서는 안 됩니다. 김상욱 박사는 뛰어난 물리 지식을 갖춘 데다가 이데아 수호 협회에서 파견된 벨라 요원의 도움을 받고 있습니다. 세 꼬맹이들도 제 몫을 톡톡히 해내고 있고요. 지난 또르의 경우만 봐도 알 수 있습니다. 꼬맹이들이 다양한 아이디어를 짜내는 동안 블랙과 화이트는 그 모습을 멀뚱히 촬영하기만 했지요. 다시 말해, 초등학생들보다도 아이큐가 떨어진다는 뜻이 아닐까요?"

마 회장의 널찍한 콧구멍에서 콧김이 뿜어져 나왔다.
레드가 말을 이었다.

"다행히 김상욱 박사 일행도 또르 포획에는 실패했습니다. 가끔은 하늘이 행운의 밧줄을 던져 줄 때가 있죠. 그게 바로 지금입니다. 이번에야말로 우리가 또르와 그 두꺼비, 두 이데아를 한꺼번에 잡을 기회라는 뜻이죠!"

레드가 리모컨을 누르자 다시 화면이 바뀌었다. 이번에는 전기 이데아 또르와 또르를 데려간 두꺼비의 사진이 등장했다.

지금까지 잠자코 있던 이룩한 박사가 입을 열었다.

"두꺼비의 정체는 다름 아닌 자기 이데아 '마꺼비'입니다. 김상욱 박사는 마꺼비에 대해 아무것도 모릅니다. 김 박사도 이데아 수호 협회의 일원이긴 하지만, 이데아에 대한 자세한 정보는 이데아를 직접 관리해 왔던 저만이 알고 있으니까요."

이룩한 박사가 마 회장에게 고개를 돌렸다.

"회장님, '자기'가 뭔지는 아시죠? 어떤 이데아인지도 모르면서 잡을 수는 없지 않겠습니까."

"흥, 내가 그것도 모르겠어?"

마 회장이 살찐 볼에 손가락을 콕 찍으며 말했다.

가뜩이나 살얼음판 같던 회의실의 온도가 곤두박질쳤다. 다들 오만상을 찌푸리며 고개를 돌렸다.

이룩한 박사가 다시 물었다.
"그럼…… 자석은 아시겠지요?"
"당연하지!"

이룩한 박사가 주머니에서 기다란 막대자석을 꺼냈다.

"바로 이 자석이 갖는 성질을 자기라고 합니다. 자석은 냉장고에 붙이는 자석 같은 일상용품에 많이 쓰일 뿐만 아니라, 종류와 모양도 다양합니다. 하지만 가장 중요한 건 자석에 N극과 S극이 있다는 것이죠."

물리 이야기가 시작되자 블랙과 화이트의 눈이 스르르 감겼다. 결국 고개를 꾸벅이며 졸던 블랙의 손에서 철제 샤프가 떨어졌다. 샤프는 데굴데굴 굴러 수납장 밑으로 들어갔다.

마 회장은 도무지 무슨 생각을 하는지 알 수 없는 이룩한 박사의 얼굴을 바라봤다.

저 사람을 우리 편이라고 믿어도 좋을까.

레드가 헛기침을 하며 화면을 넘겼다.

"박사님이 자기에 대해 설명해 주셨으니, 이제 자기 이데아에 대해 알아보겠습니다. 이름은 마꺼비. 긴 혀로 자기력을 조종할 수 있어, 철이 조금이라도 포함된 물체라면 뭐든지 끌어당깁니다. 성격은 매우 온순하지만 마꺼비 앞에서 전기 이데아 또르를 괴롭히면 안 됩니다. 또르를 무척이나 아끼니까요."

이름 : 마꺼비

몸길이 : 40센티미터

몸무게 : 20킬로그램

좋아하는 것 : 또르, 습하고 따뜻한 환경

성격 : 무척 온순하다. 자신에게 위협을 가하지 않는 이상 먼저 공격하지 않는다.

특징 : 철 성분이 포함된 물체를 강력하게 끌어당길 수 있다.

주의 사항 : 마꺼비 앞에서 또르를 괴롭히지 말 것!

마 회장이 어깨를 부르르 떨었다.

"또르나 마꺼비나 징그러워서 못 견디겠군. 피부가 미끈거리는 것들은 딱 질색이라니까. 그런데 저 녀석은 또르를 왜 그렇게 좋아하는 거야?"

레드가 대답했다.

"전선에 전류가 흐르면 그 주변에 자기장이 만들어집니다. 이렇게나 전기와 자기의 관계가 가까운 만큼, 본능적으로 끌리는 게 아닐까요?"

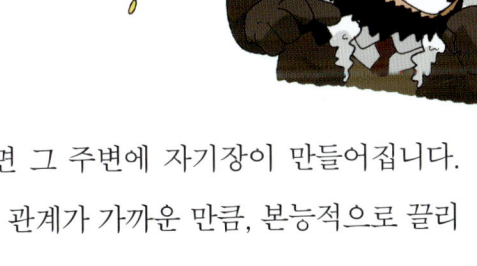

일종의 세트 같은 거죠.

레드의 설명이 끝나자 마 회장이 이룩한 박사에게 물었다.

"이봐, 이룩한 박사. 김상욱 박사는 마꺼비에 대한 아무런 정보가 없는 게 확실해?"

"김상욱 박사가 가진 이데아 도감에는 마꺼비 페이지가 없습니다. 다른 이데아들이 실린 부분처럼 일부를 훼손할 생각이었는데, 그 페이지는 실수로 모두 찢어 버렸거든요."

　마 회장은 이룩한 박사의 대답에 아쉬워하며 다른 질문을 던졌다.
　"자기 이데아는 우리에게 어떤 도움을 줄 수 있지?"
　"우주 기지 건설에 성공한다면, 녀석의 힘을 이용해 자기장으로 된 보호막을 칠 수 있습니다. 그렇게만 된다면 각종 방사선과 해로운 우주 입자들이 기지에 침투하는 걸 막을 수 있지요."

그때, 한 직원이 급히 들어와 레드에게 낮은 목소리로 소식을 전했다. 뒤이어 레드가 텔레비전을 켜자 뉴스가 흘러나왔다.

"어제 새벽 2시경, 햇빛 마을의 한 소시지 공장에서 폭발 사고가 일어났습니다. 기계들이 알 수 없는 원인으로 폭발하고, 소시지들이 모두 사라지는 큰 사고였지만 다행히 인명 피해는 없었습니다. 경찰은 감시 카메라에 찍힌 수상한 생명체의 모습을 근거로 햇빛 동물원에서 탈출한 동물이 있는지 조사하는 것은 물론, 여러 가능성을 열어 두고 수사 중입니다."

레드가 텔레비전을 끄자 모두의 기대 어린 시선이 이룩한 박사에게 향했다.

"또르와 마꺼비입니다. 모두 아시다시피 또르는 소시지를 매우 좋아하지요. 마꺼비는 자신이 좋아하는 또르를 위해 소시지 공장에 함께 갔을 테고요. 이로써 녀석들이 햇빛 마을에 왔다는 것이 확실해졌군요."

"돈이 얼마나 들든 상관없으니 무조건 잡아! 이번에도 실패하면 니희 셋 다 해고야! 이룩한 박사, 당신도 정신 똑바로 차려!"

이룩한 박사가 입꼬리를 올리며 말했다.

"알겠습니다. 곧바로 포획 준비를 시작하지요."

"뭐 해, 다들 나가서 준비해!"

이룩한 박사와 세 비서가 회의실을 빠져나갔다. 마 회장은 거친 숨을 내뿜으며 마꺼비의 사진을 다시 한번 노려봤다.

실패는 더 이상 허락할 수 없다. 이번 승리는 우리의 것이다. 반드시 그래야만 한다.

1 자석에는 왜 붙을까?

> 오늘의 연구 대상

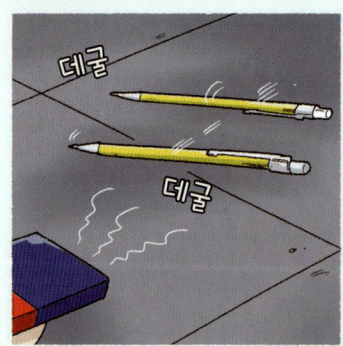

블랙의 소중한 샤프! 손이 닿지 않는 곳까지 굴러 들어갔는데
이룩한 박사가 자석을 이용해 꺼냈네?
척척 달라붙는 신비한 자석에 대해 알아보자!

> 오늘의 일지

자석, 네 정체가 뭐야?

물리는 나를 잡아당겨!

자석은 아주 신기한 물체야. **철로 된 물건을 척! 끌어당기기도 하고, 다른 자석을 밀어내기도 하지. 이런 자석의 힘을 '자기력'** 이라고 해. 자기력은 눈에 보이지 않지만, 두 자석을 양손에 들고 맞대어 보면 그 힘을 분명히 느낄 수 있어. 자석은 우리 주변 이곳저곳에서 열심히 일하고 있어. 스피커부터 이어폰, 신용카드까지! **우리의 일상은 자석으로 가득 차 있단다.**

자석은 어떤 특징을 가지고 있을까?

자석의 양쪽 끝은 각각 N극과 S극을 띠고 있어. 그런데 자석의 N극과 S극이 나뉘는 부분을 잘라 정확히 반으로 나누면 어떻게 될까? N극만 남은 자석, S극만 남은 자석이 될까? 신기하게도 그렇지 않아. 자석은 반으로 잘라도 각각의 조각은 또다시 N극과 S극을 모두 가진 자석이 돼. 신기하지?

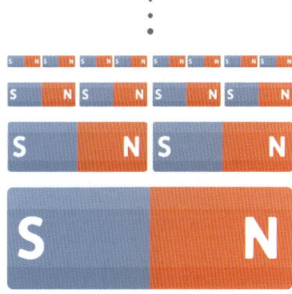

그렇다면 두 개의 자석이 서로 만났을 때는 어떻게 될까? **자석은 같은 극끼리는 밀어내고, 다른 극끼리는 끌어당기는 특징**을 가지고 있어.

어떤 자석들이 있을까?

우리 주변에서 주로 사용되는 **자석은 대부분 인공적으로 만든 자석**이야. 철, 니켈, 코발트처럼 자성을 가진 금속을 섞어서 만들지. 반대로, **자연 그대로의 상태부터 자성을 띠는 자석**도 있어. 이것들을 **'자철석'**이라고 하는데, 실제로 많이 사용되지는 않아.

자석은 **모양에 따라**서도 나뉘어. **길쭉한 막대자석, 말발굽처럼 생긴 말굽자석** 등 여러 가지 모양의 자석이 있지.

> **오늘의 연구 결과**
>
> **자석은 N극, S극을 띠고, 금속을 끌어당긴다!**

마 회장은 과연 자기 이데아를 잡을 수 있을까?

2

햇빛 마을의
새로운 소식

　김상욱 아저씨는 떡볶이 판 앞에 앉아 멍하니 바깥을 바라봤다. 여느 때 같으면 꾸벅꾸벅 졸 시간인데도 오늘은 머릿속을 메운 생각 때문에 잠도 오지 않았다. 아이들에게 내색하지는 않았지만, 전기 이데아 또르를 놓친 게 못내 아쉬웠다.

　삼각김밥 껍질을 밟고 미끄러지지만 않았더라면. 발목의 통증을 꾹 참고 아이들과 또르를 찾아 나섰더라면. 그랬다면 지금쯤 또르가 지하 연구실의 이데아 캔 속에 잠들어 있을까.

그리고 또 한가지. 또르를 낚아챈 두꺼비의 정체는 뭘까?

짚이는 부분은 있지만, 확신하기에는 이르다. 이룩한 박사가 남기고 간 이데아 도감에도 그 두꺼비에 대한 내용은 없다.

김상욱 아저씨는 한숨을 쉬며 자리에서 일어났다.

에휴, 마음도 복잡한데 텔레비전이나 볼까…….

텔레비전을 켜자 한 초등학교 교실이 화면에 나왔다. 뉴스와 신문에서 자주 본 덩치 큰 남자가 교탁 앞에 서 있었다. 김상욱 아저씨도 잘 아는 에너지 킹의 마두식 회장. 얼마 전에는 로켓 엔진 '스페이스 가디언'의 추력 테스트에 성공해 세계적인 주목을 받은 유명인이다.

익숙한 얼굴은 마 회장뿐만이 아니었다. 화면에 태리와 건우, 해나의 모습도 보였다. 태리는 눈을 반짝이며 마 회장의 이야기를 듣고 있었고, 건우는 침을 뚝뚝 흘리며 정신없이 졸고 있었다.

김상욱 아저씨의 머릿속에는 해나의 질문에 대한 대답이 금세 떠올랐지만, 마 회장의 눈동자는 사정없이 흔들렸다.

마두식 회장의 형편없는 답변에 텔레비전을 보던 김상욱 아저씨의 얼굴이 일그러졌다.

그때, 누군가가 아저씨의 허리를 와락 끌어안았다.

"엄마야!"

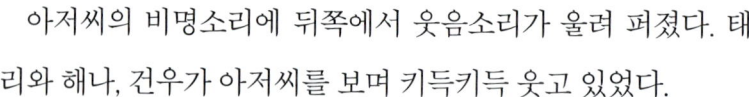

아저씨의 비명소리에 뒤쪽에서 웃음소리가 울려 퍼졌다. 태리와 해나, 건우가 아저씨를 보며 키득키득 웃고 있었다.

태리가 텔레비전 화면을 가리켰다.

"어? 마두식 회장님이다! 며칠 전에 우리 반에 오셔서 로켓 얘기를 들려주셨어요! 방송국에서 다큐멘터리 같은 걸 찍는대요."

해나가 말했다.

"로켓 얘기는 그럭저럭 잘 하셨는데 저희 질문에는 하나도 대답을 못 하셨어요. 과학 지식은 하나도 없는 것 같던데 로켓은 어떻게 만드는지 모르겠다니까요. 애들이 사인해 달라고 했는데도 카메라가 꺼지니까 휙 가버렸어요."

김상욱 아저씨가 거만한 웃음을 터뜨렸다.

"나처럼 풍부한 물리 지식을 갖춘 데다 성격까지 좋은 사람이 흔한 줄 아니? 그나저나 김건우, 넌 학교에서 왜 졸아! 방송에 다 나왔잖아!"

"햇빛 마을에 자기부상열차 역이 생긴 거 아시죠? 이번 주 금요일에 시승식이 열려요. 햇빛 마을에서 자기부상열차가 출발하는 거죠. 중요한 건 시승식 기념으로 열차에 탈 시승자를 다섯 명 뽑았는데 제가 거기 뽑혔다는 거예요!"

"오, 그래? 축하한다!"

시승자로 뽑힌 다섯 명 중 나머지 네 명은 모두 어른이고, 태리만 초등학생이었다. 수업 태도도 바른 데다 친구들과도 잘 지낸 공로로 태리가 시승자로 뽑힌 것이다.

김상욱 아저씨가 씩 웃으며 건우의 어깨에 손을 올렸다.
"물리 박사인 이 몸이 설명해 주지. 건우야, 모르는 건 부끄러운 게 아니야. 지금부터 자기부상열차에 대해 친절하고 완벽하게 설명해 줄게!"

"자기부상열차는 그 이름 안에 뜻이 담겨 있어."

김상욱 아저씨의 친절한 설명이 이어졌다.

"'자기'는 자석의 힘, '부상'은 위로 떠오른다는 뜻! 자기부상열차란 말 그대로 자석의 힘으로 공중에 떠서 움직이는 열차를 말해. 열차와 철로에 설치된 전자석, 초전도체, 영구자석들 사이에 작용하는 자기력을 이용하는 거지. 이 자기력의 세기와 방향을 조절해 열차를 띄우거나 속력을 내는 거야."

건우가 눈을 끔벅였다.

"자석까지는 이해했는데, 그다음부터는 무슨 소린지 하나도 모르겠어요. 자기력이 뭔데요?"

"자기력?"

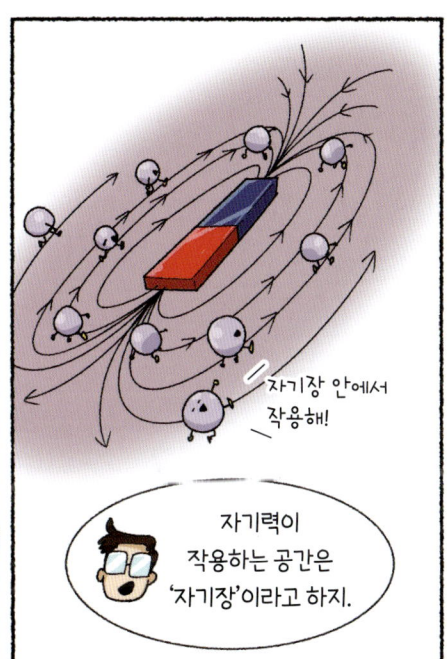

곧이어 태리가 두 손을 모은 채 눈을 반짝였다.

"엄청 신기하네요! 자기부상열차를 보면서 설명해 주시면 이해가 훨씬 잘될 것 같아요. 아저씨도 와 주실 거죠?"

"어딜 와 줘?"

"시승식 날에 오셔야죠! 건우랑 해나도 당연히 올 거예요. 아저씨가 사진 좀 찍어 주세요!"

김상욱 아저씨의 시선이 먼 곳을 향했다. 아이들에게는 신기할지도 모르겠지만 물리 박사인 아저씨는 이미 자기부상열차에 대해 속속들이 알고 있다. 하지만 이게 웬걸? 해나와 건우도 태리의 반짝이는 눈빛을 외면한 채 딴청을 부리고 있었다.

그 순간, 모두가 태리의 표정을 보고 멈칫했다. 늘 미소가 담겨 있던 태리의 얼굴에 어두운 그림자가 드리웠다. 눈가도 왠지 촉촉해 보였다.

"응, 나 혼자 갈게. 엄마 아빠는 회사 때문에 못 오시겠지만 괜찮아. 다들 오지 말고 하고 싶은 거 해. 사진 따위가 뭐가 중요하겠어."

태리는 앞치마를 메고 떡볶이 판 쪽으로 걸어갔다. 그러고는 묵묵히 양념장을 만들기 시작했다.

김상욱 아저씨는 태리의 축 처진 어깨를 물끄러미 바라봤다. 태리가 없었다면 지금껏 이데아를 잡지 못했을 것이다. 이뿐만 아니다. 이데아가 포획을 떠나서 지금까지 정이 듬뿍 든 태리가 시무룩해하는 모습을 두고 볼 수만은 없었다.

태리의 얼굴에 다시 햇살 같은 미소가 떠올랐다. 곧이어 모두 흐뭇한 마음으로 태리와 함께 떡볶이를 만들기 시작했다. 며칠 뒤 겪게 될 일은 조금도 상상하지 못한 채.

2. 자기장, 눈에 보이지 않아도 존재해!

> 오늘의 연구 대상

신기하지 않아? 엄청 무거운 열차를
자석의 자기력을 이용해 띄울 수 있다니!

그럼 이제 자기력은 알겠는데, 자기장은 또 뭐지?

> 오늘의 일지

자기장이란 무엇일까?

물체를 끌어당기거나 밀어내는 자석의 힘을 자기력이라고 했지? 그럼 자기력은 얼마나 멀리까지 작용할까? 자기력은 물체와 가까울수록 강해지지만, 너무 멀리 떨어진 물체에는 매우 약하게 작용해. 이렇게 **자기력이 미치는 공간을 '자기장'**이라고 해.

자기장은 눈에 보이지는 않지만, 실제로 존재해. 그래서 자기장을 **'보이지 않는 힘의 공간'**이라고도 부르지.

자기력은 힘!
자기장은 자기력이 미치는 공간

46

자기장을 눈으로 보고 싶어!

자기장이 정말 존재하는지 직접 확인하고 싶은데, 무슨 방법이 없을까? 아쉽게도 자기장 그 자체는 볼 수 없지만, 자기장을 '그린 그림'은 볼 수 있어. 이게 무슨 말이냐고?

바로 '자기력선'이야. **자기력선은 자석에서 나온 자기장이 어떤 방향으로, 얼마나 세게 작용하는지를 선으로 나타낸 그림**이야. 자석 주변에 철가루를 뿌리면 자기장이 지나가는 길을 따라 줄무늬처럼 나타나지. 보통 **N극에서 시작해 S극으로 들어가는 형태고, 선이 촘촘할수록 지기장이 강하다는 뜻**이야.

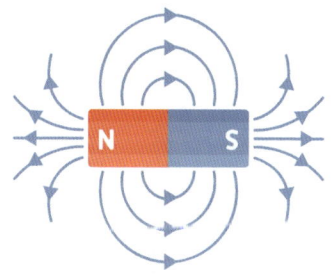

▲ 자석의 자기력선

자기장 때문에 방향을 알 수 있다고?

나침반 바늘은 항상 지구의 북쪽을 가리켜. 놀랍게도 이건 **지구가 하나의 거대한 자석이기 때문**에 벌어지는 현상이야. 사실 나침반의 바늘도 N극과 S극을 가진 아주 작은 자석인데, 이 자석이 지구 자기장의 영향을 받아서 방향을 알려주는 거지. 나침반의 N극이 지구의 북쪽을 가리키는 것을 보면, **지구의 북극은 자석으로 따지면 S극**이라는 것을 알 수 있어. 나침반만 있으면 어디서든 방향을 알 수 있단다!

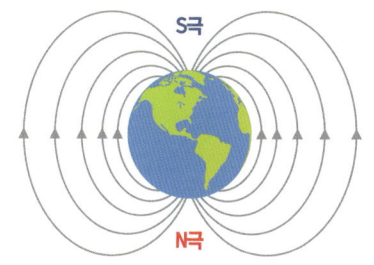

▲ 지구는 거대한 자석이다.

▲ 나침반은 항상 북쪽을 가리킨다.

> **오늘의 연구 결과**
> **자석의 자기력이 미치는 공간을 자기장이라고 한다!**

 자기부상열차 시승식 행사에서는 무슨 일이 벌어질까?

3

저절로 굴러 들어온 행운

에너지 킹의 회장실.

땀으로 뒤범벅된 마 회장과 블랙, 화이트는 바닥에 쓰러진 채 숨을 헐떡였다. 다큐멘터리 촬영 때문에 높고 험하기로 악명 높은 산에 다녀온 세 사람. 걸어 올라가는 것만으로도 힘에 부치는 고난도 코스였지만, 환경운동가의 이미지를 위해 등산객들이 버린 더러운 쓰레기까지 주우며 산을 오르내렸다.

마 회장은 두꺼운 다리를 들어 간신히 등산화를 벗어 던졌다.

"내가 운동이라니……. 내가 등산이라니! 물 가져와!"

하지만 평소 같으면 벌떡 일어나 물을 가지러 달려갔을 블랙과 화이트도 고된 시간을 보낸 것은 마찬가지였다. 두 비서는 마 회장을 힘껏 쏘아봤다.

그때, 회장실 문이 벌컥 열리더니 레드가 뛰어 들어왔다.

방 안을 가득 메운 땀 냄새와 발냄새에 레드는 코를 감싸 쥐었다.

레드의 다급한 코맹맹이 소리가 이어졌다.

"얼른 일어나세요!"

"못 일어나! 등산을 자그마치 다섯 시간이나 했다고! 그 촬영 꼭 해야 하는 거야? 햇빛 초등학교에서도 망신만 당했잖아!"

레드는 끙 소리를 내며 마 회장을 일으켰다. 그리고 허름한 등산복 대신 늘 입고 다니던 화려한 털 코트를 입혀 주었다.

"이제야 우리 회장님답네요. 보고드릴 내용이 있습니다."

"뭔데?"

"에너지 킹 제1공장에 또르와 마꺼비가 나타나 직원들을 모두 대피시키고 공장을 폐쇄했습니다. 이룩한 박사가 포획 준비를 하고 있으니 빨리 그쪽으로 가시죠."

"진짜야? 방송국 사람들은 어쩌고?"

"회사에 문제가 생겨서 긴급회의를 해야 한다고 둘러댔습니다."

생각지도 못한 소식에 마 회장의 심장이 힘차게 뛰기 시작했다.

드디어 우리에게도 희망이…!

역시 가끔은 하늘이 행운의 밧줄을 던져 주기도 한다. 바로 지금처럼.

그림의 떡 같았던 이데아들이 알아서 우리 쪽으로 오다니! 이건 말도 안 되는 우연이자, 절대로 놓칠 수 없는 기회다. 지금부터 해야 할 일은 단 하나뿐이다. 하늘이 던져 준 밧줄을 단단히 움켜잡는 것!

등산으로 쌓인 피로는 어느새 저 멀리 날아갔다.

마 회장은 주먹을 불끈 쥐며 외쳤다.

"좋아, 가자고!"

"이데아 잡으러 가자!"

마 회장과 세 비서는 발소리를 죽이며 공장 2층 제어실로 들어갔다. 그곳에는 1층에 달린 감시 카메라 화면을 볼 수 있는 모니터들이 설치되어 있었다. 이룩한 박사는 이미 자리에 앉아서 화면을 지켜보고 있었다.

"햇빛 마을에서 출발하는 자기부상열차에 부착될 전자석을 이 공장에서 제조하고 있지 않습니까. 전자석은 전류를 흘리면 자석이 되었다가 전류가 끊기면 자석의 성질을 잃는 장치입니다. 또르와 마꺼비는 전기와 자기 그 자체이니, 본능에 이끌려 이곳까지 온 게 아닌가 싶습니다."

레드가 말했다.

"아니면 그저 우연일 수도 있고요. 이틀 뒤에 햇빛 마을 역에서 자기부상열차 시승식이 열립니다. 회장님도 시승자로 뽑히셨으니 참석하셔야 합니다. 다큐멘터리 촬영팀도 그 모습을 찍을 예정이고요. 에너지 킹이 사회 곳곳에서 중요한 역할을 하고 있다는 걸 보여 줄 좋은 기회입니다."

마 회장의 입술이 씰룩였다. 촬영이라고 하면 이제 지긋지긋하지만, 그 행사는 괜찮을 것이다. 열차에 가만히 앉아 있기만 하면 될 테니까.

꼬맹이들에게 골치 아픈 질문을 받을 일도, 험난한 산에서 쓰레기를 주울 일도 없다. 어쨌든 지금은 이데아부터 잡아야 한다. 저 징그러운 녀석들만 잡으면 뭐든지 기쁜 마음으로 할 수 있을 것만 같다.

마 회장과 비서들은 다시 모니터로 시선을 돌렸다. 또르는 마꺼비의 등 위에 올라타 있었다. 녀석들은 뭐가 그리 즐거운지 공장 안을 신나게 뛰어다녔다. 그런데 마꺼비가 빠르게 달릴 때마다 공장 천장에 달린 전등불이 깜빡거렸다. 혹시 모를 사고에 대비해 공장의 모든 전원을 차단했는데도 말이다.

 "하나의 커다란 자석이라고도 볼 수 있지요. 전선 근처에서 자석이 움직이면, 전선 주변에 있는 전자들이 움직여서 전선에 전류가 흐릅니다. 마꺼비처럼 커다란 자석이 빠르게 움직이니 순간적으로 높은 전류가 흘러서 전등불이 켜진 겁니다."

 "그래서 쟤들을 어떻게 잡을 건데? 또르가 눈에서 전류를 발사할지도 모르잖아!"

이룩한 박사가 옆 테이블을 가리켰다. 테이블 위에는 특수 제작한 고무 슈트와 강화 유리로 만든 곤봉이 놓여있었다. 이룩한 박사도 이데아들이 이렇게 빨리 나타날 줄은 몰랐기에 완벽한 준비는 할 수 없었지만, 다행히 슈트와 무기는 완성된 상태였다. 그리고 생뚱맞게도 다양한 소시지가 든 상자도 있었다.

곧이어 이룩한 박사는 블랙과 화이트에게 작전에 대해 설명했다.

"두 사람은 전기가 통하지 않는 고무 슈트를 착용하도록. 햇빛 수련원에서 안경 낀 꼬맹이가 고무 작업복을 입었던 것처럼 말일세."

블랙과 화이트는 어처구니 없다는 표정을 지었다.

말은 참 쉽다. 등산으로 흘린 땀이 채 식지도 않았는데 이번에는 저 답답해 보이는 슈트를 입으라고? 그리고 이데아들이 과연 순순히 이데아 캔 속으로 들어갈까?

마 회장이 블랙과 화이트를 구슬렸다.

"이봐! 블랙, 화이트. 너희도 한 번쯤은 성과를 내야 하지 않겠어? 이데아 두 마리를 모두 잡아 오면 너희가 그렇게 가고 싶어 하던 호텔 뷔페에 데려가 주지."

"진짜요?"

"약속하셨어요!"

신이 난 블랙과 화이트는 엎치락뒤치락하며 공장 1층으로 발걸음을 옮겼다.

기계 작동이 모두 멈춘 넓은 공장.

블랙과 화이트는 조용한 공기 속을 조심스럽게 헤쳐 나갔다. 딱 달라붙는 고무 슈트 안은 벌써 땀으로 가득 찼다. 멀리서 두 이데아의 가벼운 발걸음 소리가 들렸다. 블랙은 터질 듯한 심장 박동을 느끼며 소시지가 담긴 상자를 흔들었다.

타닥타닥.

발걸음 소리가 가까워질수록 블랙과 화이트의 다리가 애처롭게 떨렸다. 또르와 마꺼비가 금세 코 앞까지 다가왔다. 평온한 얼굴을 한 마꺼비와 달리, 또르는 의심 가득한 눈초리로 블랙과 화이트를 살폈다. 이미 햇빛 수련원에서 잡힐 뻔한 위기를 넘긴 또르가 사람을 경계하는 건 당연했다.

블랙은 작전대로 상자에서 소시지를 꺼내 또르를 향해 정신없이 던졌다.

바닥에 온갖 종류의 소시지들이 떨어지자, 또르의 눈빛이 반짝였다. 또르는 마꺼비의 등에서 풀쩍 뛰어내려 소시지를 향해 달려갔다. 그리고는 앙증맞은 앞발로 소시지를 움켜쥔 채 맛있게 먹기 시작했다. 마꺼비는 입가에 흐뭇한 미소를 지은 채 그런 또르의 모습을 지켜봤다.

블랙과 화이트는 들고 있던 가방에서 이데아 캔을 꺼냈다. 그리고 두 이데아를 향해 떨리는 발걸음을 내디뎠다.

그때, 수상한 낌새를 느낀 마꺼비가 고개를 들었다. 그리고 이데아 캔을 본 순간, 마꺼비의 눈빛이 험악하게 바뀌었다.

오랫동안 그 속에 잠들어 있었던 만큼 마꺼비도 당연히 이데아 캔의 존재를 알고 있다. 또르와 함께 이곳저곳을 돌아다니는 즐거움을 되찾은 지금, 다시는 그곳으로 돌아가고 싶지 않다. 소중한 친구 또르와도 절대로 헤어지지 않을 것이다.

마꺼비의 입에서 튀어나온 긴 혀가 허공을 채찍처럼 갈랐다. 블랙에게는 아무 일도 일어나지 않았다. 그런데 갑자기 화이트의 턱이 앞으로 튀어나오더니, 마꺼비를 향해 끌려가기 시작했다.

그 순간, 블랙의 머릿속에 섬뜩한 생각이 떠올랐다.

"야, 화이트! 너 치과에서 뭐 했어!"

"하긴 뭘 해! 충치 치료밖에 안 받았는데!"

화이트의 입속에서 번쩍이던 은색 치아. 그 안에 철 성분이 있었던 게 틀림없다. 화이트가 다치기 전에 저 두꺼비를 빨리 잡아야 한다.

그런데 블랙이 이데아 캔의 뚜껑을 허겁지겁 돌리기 시작한 그 순간, 만족스러운 소시지 식사를 마친 또르가 마꺼비 쪽으로 고개를 돌렸다.

또르는 블랙을 향해 고압 전류를 발사했다. 블랙은 아슬아슬하게 몸을 피했지만, 전류를 맞은 기계들에서 요란한 폭발음과 함께 불꽃이 피어올랐다. 이미 블랙과 화이트는 이데아 캔을 내던진 채 저 멀리 도망쳤다.

마꺼비는 또르를 등을 태우고 도망치며 혀를 휘둘렀다. 그러자 굳게 닫혀 있던 철제 공장 문이 떨어지며 바닥에 뒹굴었다.

2층 관제실에서 마 회장이 발을 동동 구르며 소리쳤다. 하지만 블랙과 화이트는 공장 구석에 숨어 벌벌 떨고 있을 뿐이었다.

3 자기장과 전류는 무슨 관계일까?

오늘의 연구 대상

마 회장 말 대로 마께비가 마법을 부린 걸까?
마께비가 전선 근처로 가니까 전등이 깜빡거리고 있어!
어떻게 이런 일이 일어날 수 있을까?

오늘의 일지

자석, 네 정체가 뭐야?

먼저 자기장이 발생하는 경우에 대해 알아보자.

자석의 자기력이 미치는 공간을 '자기장'이라고 했지? 그런데 자기장은 자석 주변에만 생기는 걸까? 사실 **자기장은 전류가 흐르는 전선의 주변에도 생겨**. 전류가 흐르는 전선 주변에서도 자기장이 발생한다는 것은 무슨 의미일까? 바로, **전류가 흐르는 전선이 마치 자석처럼 작용**한다는 뜻이야.

전선은 그렇게까지 강한 자기력을 가지진 않았어!

전류가 자기장을 만든다? 자기장이 전류를 만든다?

전류가 흐르는 전선에서 자기장이 발생한다는 것은 어떻게 확인할 수 있을까? 이때는 **나침반을 활용**하면 돼. 전선 옆에 나침반을 놓아 보면 알 수 있지. 전류가 흐르면 나침반의 바늘이 전선이 만들어낸 자기장의 방향을 향해 맞춰진단다.

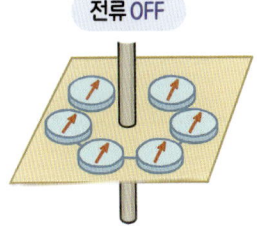
▲ 나침반이 한 방향을 가리킨다.

▲ 나침반이 전선이 만든 자기장 방향에 맞춰진다.

또 한 가지 신기한 것이 있어. 전류가 자기장을 만들 수 있으면, 거꾸로 자기장이 전류를 만들 수도 있을까? 정답은 '그렇다'야. **전류가 흐르지 않는 전선 주변에서 자석이 움직이면 전선에 전류가 흐른단다**. 이를 전자기 유도라고 하는데, 이게 바로 마꺼비 주변의 전등이 켜진 이유지!

전류가 만드는 자기장의 특징을 알아보자.

전류가 만드는 자기장의 세기는 전류와 전선에 달려있어. 흐르는 **전류가 강할수록, 전선에 가까울수록 자기장이 강해지지.**

전류가 만드는 자기장의 방향을 알고 싶다고? 아주 쉬운 방법이 있어. 바로 **'오른손 법칙'**을 기억하는 거야. 오른손을 '엄지척' 모양으로 만들어 볼래? 엄지를 전류가 흐르는 방향에 맞췄을 때, 나머지 네 손가락이 가리키는 방향이 바로 자기장의 방향이야.

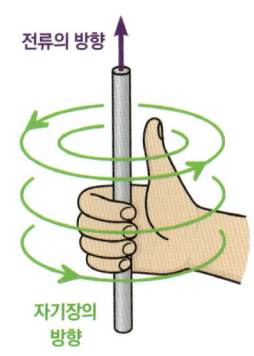

> **오늘의 연구 결과**
>
> **전류는 자기장을 만들고, 자기장은 전류를 만든다.**

 마꺼비가 너무 강력하네! 어쩌지?

혼란의 자기부상열차 시승식

김상욱 아저씨와 건우, 해나는 새로 생긴 자기부상열차 역을 바라보았다. 건물 벽에는 '자기부상열차 시범 노선! 햇빛 마을에서 출발!'이라고 쓰인 플래카드부터 '에너지 킹'을 비롯한 여러 기업의 광고판이 붙어 있었다.

　역 주변에는 시승식을 취재하러 온 기자들이 카메라와 조명 장비를 설치하고 있었다. 아직 공사가 미처 끝나지 않은 구역도 있는 모양인지 한쪽 구석에서는 쨍쨍한 햇볕 아래 포크레인이 둔탁한 소리를 내며 공사 자재를 옮기고 있었다.

김상욱 아저씨가 반가운 표정으로 포크레인을 가리켰다.

"포크레인에 달린 버킷도 자석의 힘으로 움직여. 버킷에 전자석을 부착한 다음에……."

건우가 투덜거렸다.

"아저씨, 여기 와서는 물리 얘기 안 하기로 했잖아요."

"이건 물리 얘기가 아니라 상식이거든? 그나저나 태리는 벌써 도착해 있겠지?"

"네, 역 안에 들어가면 만날 수 있을 거예요."

"좋아, 내려가자!"

김상욱 아저씨와 아이들은 시승식을 구경하러 온 마을 사람들, 방송국 기자들과 함께 에스컬레이터를 타고 역사 안으로 들어갔다.

옷에 예쁜 코사지를 단 태리가 손을 흔들며 뛰어왔다. 역 안에는 벌써 자기부상열차가 도착해 있었다. 잠시 후면 저 열차가 시승자들을 태우고 햇빛 마을 역을 출발할 예정이다.

김상욱 아저씨가 태리의 사진을 찍어 주는 동안, 해나와 건우는 열차 주변을 두리번거렸다.

건우가 투덜댔다.

"에이, 뭐야. 지하철보다 길이도 짧고, 별로 특별하게 생기지도 않았잖아."

"그래도 이 무거운 열차가 철로 위를 떠서 달린다니 신기하지 않아? 자석의 힘이란 정말 대단한 것 같아."

김상욱 아저씨는 카메라를 든 채 주변을 두리번거렸다.

"이왕 여기까지 왔으니, 열차 앞에서 다 같이 사진 한 장 찍으면 좋을 텐데. 누구한테 부탁하지?"

태리가 한쪽 구석에서 지루한 얼굴로 몸을 배배 꼬고 있는 두 남자를 가리켰다.

"저분들한테 부탁해 볼까요?"

입이 찢어시게 하품을 하던 블랙과 화이트는 카메라를 든 채 달려오는 태리를 보고 심장이 떨어질 뻔했다.

화이트가 카메라를 받아 들자, 김상욱 아저씨와 아이들은 허겁지겁 귀여운 포즈를 잡기 시작했다. 그런데 해나는 무언가 수상함을 느낀 모양이었다.

화이트는 떨떠름한 얼굴로 카메라 셔터를 건성으로 눌렀다. 그러고는 뒤통수에 꽂히는 해나의 뜨거운 시선을 느끼며 블랙과 함께 부리나케 도망쳤다.

태리가 김상욱 아저씨의 팔을 흔들었다.

"저기 좀 보세요, 아저씨! 마두식 회장님이에요!"

허름한 양복을 입은 덩치 큰 남자가 카메라에 둘러싸여 있었다.

김상욱 아저씨도 고개를 빼고 그쪽을 힐끔 기웃거렸다.

"유명한 사람이긴 한가 보네. 뭐라고 하는지 우리도 가서 들어 볼까?"

김상욱 아저씨와 아이들은 사람들 쪽으로 살금살금 걸어갔다.

마 회장 옆에 선 기자가 마이크를 들고 말했다.

"오늘은 햇빛 마을에서 자기부상열차 시승식이 열리는 날입니다. 현대의 첨단 교통수단으로 꼽히는 자기부상열차는 일반 열차보다 훨씬 적은 소음과 편안한 승차감으로 유명한데요. 이번 자기부상열차에 장착된 전자석을 제조한 '에너지 킹'의 마두식 회장님을 모셨습니다. 회장님, 이번 행사에 대해 한 말씀 부탁드립니다."

그 순간, 김상욱 아저씨와 눈이 마주친 마 회장이 어깨를 움찔했다. 곧이어 레드가 미리 적어 준 답변을 달달 외워서 진행한 인터뷰가 끝나자마자 마 회장이 비서들에게 속삭였다.

"김상욱 박사는 여기 왜 나타난 거야?"

레드가 턱짓으로 태리를 가리켰다.

"꼬맹이들 중 한 명도 시승자로 뽑혔다고 합니다. 웃으세요, 회장님. 카메라가 찍고 있습니다."

네 사람은 어색한 표정으로 기자들 앞에 섰다.

잠시 후, 기다리던 시승식이 시작됐다. 햇빛 마을 시장의 짧은 축하 연설이 끝나자, 스피커에서 안내 방송이 흘러나왔다.

　"햇빛 마을의 명예시민으로 선정된 다섯 분과 시장님, 마두식 회장님께서는 열차에 탑승해 주시길 바랍니다. 열차는 기관사 없이 원격으로 조종되며, 햇빛 마을 역을 출발해 한 정거장만 이동했다가 다시 이곳으로 돌아올 예정입니다. 총 왕복 10분의 시운전으로 다음 역까지는 단 5분이 소요됩니다."

　시승자들을 향한 뜨거운 박수가 쏟아졌다. 마두식 회장은 방송국 카메라를 향해 손을 흔들며 열차에 올랐다. 김상욱 아저씨도 태리가 열차에 타는 모습을 열심히 카메라에 담았다.

아저씨, 다녀올게요!

그래, 태리야! 구경 잘하고 와라!

그러게. 학교생활 좀 잘하지.

에이, 재미없어! 나도 타고 싶은데!

안내 방송이 다시 한번 울렸다.

"이제 곧 자기부상열차가 출발합니다. 열차에 탑승하지 않으시는 분들은 안전선 밖으로 한 걸음 물러서 주시길 바랍니다."

드디어 윙- 소리와 함께 열차가 레일 위로 떠 올랐다.

해나와 건우의 눈이 휘둥그레졌다.

해나와 건우는 신기한 눈으로 천천히 멀어지는 자기부상열차를 바라봤다.

바로 그 순간, 뒤쪽에서 사람들의 비명 소리가 들렸다. 고개를 돌려 보니, 개구리를 등에 태운 두꺼비 한 마리가 사람들 사이를 헤집으며 뛰어다니고 있었다.

건우가 김상욱 아저씨의 옆구리를 찔렀다.
"이데아 캔 가져오셨어요?"
"그럼! 외출할 때면 늘 가지고 다니지."
해나가 고개를 끄덕였다.
"저도 가져왔어요."
"잘했다! 하지만 사람들 앞에서는 이데아 캔을 꺼내면 안 돼. 이데아의 존재는 절대로 알려져선 안 되니까."
"방송국 카메라까지 있고요. 빛을 펑펑 쏟으며 쟤들을 잡는 모습이 찍히기라도 했다간 전 세계가 이데아를 알게 될걸요?"

김상욱 아저씨는 역 안을 뛰어다니는 또르와 두꺼비를 닮은 생명체를 안타깝게 바라봤다. 이곳에 우리만 있었다면 얼마나 좋았을까. 지금이 아니면 저 둘을 또 언제 만날 수 있을지 모른다.

그때, 또르가 두꺼비의 등에서 갑자기 뛰어내렸다. 그러고는 바닥에 찰싹 달라붙어 누군가를 향해 애처로운 울음소리를 내기 시작했다.

박해나.

햇빛 수련원에서 한눈에 반했던 아이. 또르는 전기를 아끼는 해나의 기특한 모습을 단 한 순간도 잊은 적이 없었다. 하지만 해나를 좋아했던 만큼 화가 나 있기도 했다. 몇 번이나 해나에게 도움을 줬건만 해나는 친구들과 함께 이데아 캔으로 자신을 잡으려고 했었으니까. 밖에서 소시지를 먹는 삶을 포기할 수는 없다.

방송국의 카메라맨들은 재미있다는 듯이 또르가 개굴개굴 우는 모습을 카메라에 담았다. 하지만 시승식을 구경하러 온 마을 사람들은 또르와 두꺼비의 모습에 질색했다.

김상욱 아저씨가 자기도 모르게 크게 외쳤다. 저 둘을 섣불리 잡으려 했다가는, 또르가 고압 전류를 발사할지도 모른다.

주변을 두리번거리던 김상욱 아저씨는 사람들 틈에서 경찰관을 발견하고 뛰어갔다.

"죄송합니다! 저희가 키우는 애완동물, 그러니까…… 애완 양서류예요! 침에 엄청난 독이 있어서 물리기라도 하면 큰일납니다. 사람들을 대피시켜야 해요!"

경찰관들의 눈이 휘둥그레졌다. 경찰관들은 팔을 휘두르며 사람들을 에스컬레이터와 계단 쪽으로 이동시켰다. 독이 있다는 소리에 겁먹은 사람들은 소리를 지르며 도망치기 시작했다.

그때, 뒤쪽에서 블랙과 화이트가 나타나 이데아 캔을 들고 또르와 두꺼비를 향해 살금살금 다가왔다.

마꺼비가 고개를 돌려 그들을 노려봤다.

우스꽝스러운 옷을 입고 자신과 또르를 잡으려던 녀석들!

마꺼비가 긴 혀를 휘두르자, 천장에 매달려 있던 철제 안내 간판과 역 안에 설치된 철제 의자들이 부르르 떨리더니 쑥 뽑혀 블랙과 화이트를 향해 날아갔다.

철로 된 물체들을 강력히 끌어당기는 힘. 그렇다면 자기 이데아?

이룩한 박사의 예상대로였다. 김상욱 아저씨는 두꺼비를 닮은 저 수상한 생명체가 자기 이데아라는 걸 곧바로 눈치챘다.

김상욱 아저씨는 다급히 시계를 확인했다. 곧 아까 출발했던 열차가 역으로 돌아올 것이다. 녀석이 열차를 향해 혀를 날름거리기라도 하면, 안에 타고 있는 사람들이 위험해진다. 태리의 해맑은 얼굴이 떠오르자, 아저씨의 심장이 초조하게 날뛰었다.

 블랙과 화이트가 소리를 고래고래 지르며 도망 다니는 동안, 김상욱 아저씨는 아이들을 데리고 자판기 옆으로 몸을 숨겼다.
 해나가 숨을 몰아쉬며 말했다.
 "또르는 제가 설득할 수 있어요. 하지만 두꺼비가 문제예요."
 건우가 말했다.
 "저 아저씨들이 두꺼비를 '마꺼비'라고 부르던데요? 또르 이름도 정확히 알고 있었어요. 이데아 캔도 가지고 있었고요!"
 "나도 봤어. 철로 된 물체를 끌어당기는 능력이 있는 걸 보면 저 두꺼비는 자기 이데아가 분명해. 마꺼비라는 이름도 자석을 뜻하는 영어 단어 '마그넷(magnet)'에서 따 왔겠지."

김상욱 아저씨는 시계를 다시 한번 확인했다. 자기부상열차가 되돌아올 때까지 시간이 얼마 남지 않았다.

"둘을 한꺼번에 포획하는 건 무리야. 어떻게든 두 녀석을 갈라놓은 뒤에 한 녀석이라도 먼저 잡아야 해. 곧 태리가 돌아올 거라고!"

해나와 건우도 그제야 태리를 떠올렸다. 태리가 다칠지도 모른다고 생각하자, 아이들은 온몸에서 힘이 쭉 빠져나가는 듯한 느낌이 들었다.

생각에 잠겨 있던 건우가 입을 열었다.

"저한테 좋은 아이디어가 있어요."

"뭔데?"

"빨리 벨라 아줌마한테 전화하세요!"

이제 역 안에는 김상욱 아저씨와 아이들만 남았다. 블랙과 화이트를 내쫓은 또르는 다시 마꺼비의 등에 올라탄 채, 소시지를 찾아 돌아다니고 있었다. 벨라 요원이 도착할 때까지 시간을 끌어야 한다.

해나가 주먹을 불끈 쥐었다.

"제가 가 볼게요, 아저씨."

"안 돼, 너무 위험해."

"노르를 잡을 수 있는 이런 좋은 기회를 놓칠 수는 없어요. 쟤들이 햇빛 마을을 계속 돌아다니면 더 큰 사고가 날 거예요."

"좋아, 그럼 아저씨랑 같이 가자."

"아저씨는 안 돼요. 햇빛 수련원에서 있었던 일 기억 안 나세요? 또르가 화가 나서 아저씨한테 전류를 쐈잖아요. 괜히 같이 갔다가는 둘 다 위험해질 수 있어요."

김상욱 아저씨는 어쩔 수 없다는 듯 한숨을 내쉬었다.
"그럼 몸에 있는 철로 된 제품은 모두 빼고 가. 혹시 모르니 안경도 벗고."
"안경을 안 쓰면 아무것도 안 보이는데요."
"어쩔 수 없어. 마꺼비가 널 끌어당겨서 어딘가에 부딪히기라도 하면 크게 다칠 거야."

해나는 김상욱 아저씨에게 휴대폰과 안경을 맡긴 뒤, 자판기 밖으로 나갔다. 해나의 인기척에 마꺼비의 발걸음이 멈췄다.

시력이 워낙 나쁜 해나는 또르가 어디에 있는지 보이지도 않았지만 큰 소리로 외쳤다.

또르가 마꺼비의 등에서 뛰어내렸다. 찰박거리는 발소리가 점점 가까워졌다. 이윽고 또르의 형체가 흐릿하게 보였다.

해나는 또르를 향해 다정하게 말했다.

"또르, 널 안전하게 지켜 주고 싶어. 네가 다른 사람들한테 붙잡히면 위험한 일을 당할지도 몰라."

또르의 눈이 촉촉하게 반짝였다. 또르는 해나를 따라가기로 마음먹었지만, 문제는 마꺼비였다. 마꺼비는 친구를 잃을 생각이 없었다. 마꺼비가 해나를 향해 긴 혀를 뻗었다.

바로 그때, 벨라 요원이 나타났다. 개구리들이 잔뜩 든 케이지를 양손에 든 채로. 벨라 요원은 에스컬레이터를 타고 내려오며 짜증 가득한 목소리로 외쳤다.

"이번에는 나도 가만히 안 있어요! 개구리 스무 마리를 그렇게 쉽게 찾을 수 있을 것 같아요? 필요한 게 있으면 미리 말하라고 했잖아요! 징그러워 죽는 줄 알았다고요!"

어딨어요, 김상욱 박사님!

김상욱 아저씨와 건우가 자판기 밖으로 뛰쳐나왔다.
벨라 요원은 오만상을 찌푸리며 케이지를 열었다. 그러자 마꺼비 주변으로 또르를 똑 닮은 개구리들이 우르르 쏟아졌다.

그때, 신호음과 함께 자기부상열차가 역 안으로 들어왔다. 열차 문이 열리자, 역사 안은 또다시 사람들의 비명으로 가득 찼다. 마 회장도 이리저리 뛰어다니는 개구리들을 보고 고래고래 소리를 질렀다.

마꺼비는 또르를 찾아 주변을 정신없이 돌아다녔지만, 도대체 누가 진짜 또르인지 알 수 없었다.

김상욱 아저씨가 눈이 휘둥그레진 태리의 손을 붙잡았다.

"아저씨, 이게 도대체 무슨 상황이에요?"

"일단 여기서 나가자. 뛰어, 얘들아!"

김상욱 아저씨와 세 아이들, 그리고 벨라 요원은 계단을 정신없이 올라갔다.

"사실 마꺼비는 또르가 움직일 때 생기는 주변 자기장의 변화를 감지해 또르의 위치를 알아낼 수 있었을 거예요. 하지만 또르를 닮은 개구리들이 뛰어다니는 데다가 때마침 들어온 자기부상열차의 자기장 때문에 또르를 바로 찾아내는 데 실패한 거죠."

해나가 물었다.

"마꺼비는 어떻게 해요?"

"지금 마꺼비까지 포획하는 건 무리야. 일단 오늘은 또만나 떡볶이로 돌아가서 방법을 다시 생각해 보자."

벨라 요원은 자신의 트럭에, 아이들은 김상욱 아저씨의 차에 올라탔다. 아저씨가 시동을 걸자 라디오도 함께 켜지며 지지직거리는 소리가 들렸다. 게다가 계기판에 표시된 주파수 숫자가 정신없이 오르락내리락했다.

"당황한 마꺼비 때문에 주변 자기장이 심하게 요동치는 것 같아. 라디오나 텔레비전, 인터넷 같은 통신 기술도 전자기파를 이용하니까."

김상욱 아저씨의 자동차가 시커먼 연기를 내뿜으며 출발했다. 친구를 잃어버린 마꺼비의 구슬픈 울음소리를 뒤로한 채.

아우, 시끄러워. 이것도 마꺼비 때문이에요?

광림목 박사의 비밀 연구 일지

4. 자기장이 전선을 움직이게 한다고?

오늘의 연구 대상

마꺼비와 또르가 나타났다!
마꺼비가 근처에 오면 신기한 일이 많이 일어나는 것 같아.

마꺼비는 또 어떤 현상을 만들어낼 수 있을까?

오늘의 일지

어떤 환경에서 전선이 움직일까?

전류가 흐르는 전선 주변에는 자기장이 생겨. 그리고 자석의 움직임은 전류가 흐르지 않던 전선에 전류가 흐르게 하지.

그렇다면 이미 전류가 흐르고 있는 전선 근처에 자석을 가져다 대면 어떻게 될까? 자석의 자기장이 전선에 영향을 미치게끔 말이야. 이때는 전선이 한쪽으로 스스로 움직여. 너무 신기하지? 어떻게 이런 현상이 생기는지 알아보자!

내가 자기장 속에 놓이면 나도 움직이게 될까?

전선을 움직이게 만드는 힘!

전류가 흐르는 전선 가까이에 자석을 놓으면, 전선이 한쪽으로 움직여. 그 이유는 전선에 어떤 힘이 작용하기 때문이야. 이 힘을 바로 '로렌츠 힘'이라고 해.

로렌츠 힘이란 전선 안에서 한 방향으로 흐르던 전류 속 전하들이 가까이에 온 자석의 자기장의 영향을 받아 한쪽으로 밀려나는 힘을 말해. 그리고 전하들이 움직이는 힘이 전선 전체에 전달되면서 자연스럽게 전선도 함께 움직이는 것이지!

로렌츠 힘은 어느 방향으로 작용할까?

그렇다면 전선은 어느 쪽으로 움직이게 될까? 즉, 로렌츠 힘이 어느 방향으로 작용하는지 알아보자.

전류가 만드는 자기장의 방향을 알아내기 위해 오른손을 엄지척 모양으로 만들었었지? 이번에는 오른손을 손바닥이 위를 향하도록 해봐.

엄지손가락을 전류의 방향에, 나머지 네 손가락을 자기장의 방향에 맞췄을 때, **손바닥이 향하는 방향이 바로 로렌츠 힘이 작용하는 방향**이야.

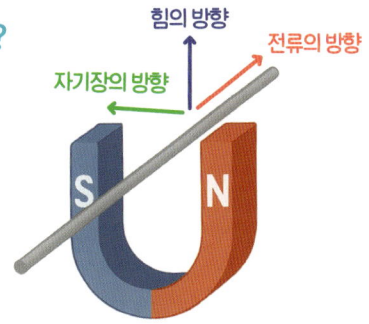

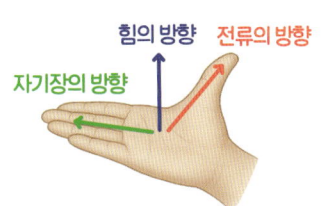

> 오늘의 연구 결과
>
> **자기장은 전류가 흐르는 전선을 움직이게 한다.**

 다행히 위기는 넘겼어! 이제 어떻게 하지?

5

그 남자의 정체는?

김상욱 아저씨, 벨라 요원 그리고 세 아이들은 또만나 떡볶이 지하의 수상한 연구실에 도착해 안도의 한숨을 내쉬었다. 테이블 위에 놓인 이데아 캔 속에는 햇빛 수련원에서부터 이어진 짧지만 긴 여행을 마친 또르가 편안히 잠들어 있었다.

땀을 뻘뻘 흘리던 건우가 선풍기를 켜자, 시원한 바람과 함께 모두의 긴장도 조금씩 사그라들었다.

태리가 안타까운 표정을 지으며 말했다.

"마꺼비는 아직도 역 안에서 또르를 찾고 있을까요? 또르를 엄청 좋아하는 것 같던데……. 불쌍하기도 하네요."

김상욱 아저씨의 눈이 반짝였다.

"자기 이데아 얘기가 나와서 말인데, 너희 혹시 이 선풍기에도 자기력이 쓰인다는 거 알고 있니?"

아이들은 어리둥절한 눈으로 선풍기를 쳐다봤다. 하지만 겉모습을 아무리 살펴봐도 자석 같은 건 보이지 않았다.

김상욱 아저씨가 선풍기를 톡톡 두드리며 설명을 이어갔다.

"이 안에 들어 있는 모터 때문이지. 모터는 자기력을 활용하는 대표적인 장치야. 선풍기는 물론이고 전기 스쿠터, 자동차 등 전기를 사용하는 모든 회전기기에는 모터가 들어 있어."

해나가 가슴 앞에 엑스 자를 그렸다.

"물리 얘기보다는 역에서 만났던 아저씨들에 대해 알아봐야 하지 않을까요? 아저씨, 노트북 좀 켜 주세요."

"아, 그렇지! 노트북에도 모터가……."

"빨리요!"

김상욱 아저씨가 노트북 컴퓨터의 전원 버튼을 누르자, 모터에서 윙 소리가 나며 화면이 켜졌다. 아저씨는 해나의 말대로  얼마 전 마두식 회장이 햇빛 초등학교에서 찍은 다큐멘터리를 재생했다.

해나가 화면 속 교실 한쪽에서 지루한 얼굴로 서 있는 블랙과 화이트를 가리켰다.

"마두식 회장님의 비서들 같은데 도대체 어떻게 된 걸까요?"

"이 아저씨들이 이데아 캔으로 또르와 마꺼비를 잡으려고 했어요!"

"여기요!"

"근데 어디서 봤던 것 같지 않아?"

모두가 노트북 화면을 뚫어지게 쳐다봤다. 무언가 떠오를 듯 하면서도 당장 기억이 나지 않았다.

그때, 태리가 요란하게 손뼉을 쳤다.

"생각났어요! 열 이데아 히트랩터를 잡았던 날 밤 말이에요! 아저씨는 쓰러져서 정신이 없으셨겠지만, 저희는 똑똑히 봤어요. 이 아저씨들이 이데아 캔을 뺏으려다가 또또와 고양이 친구들한테 혼쭐이 났었어요!"

김상욱 아저씨가 숨을 멈췄다.

"그때뿐만이 아니야. 중력 이데아 그라몽이 나타났던 유령의 집과 원자 이데아 아토미가 망친 요리 경연 대회장에도 있었어! 세상에, 그게 이제야 떠오르다니."

김상욱 아저씨와 아이들의 팔에 소름이 오스스 돋았다.

그들은 도대체 언제부터, 왜 우리를 따라다닌 걸까.

벨라 요원이 조용히 말했다.

"마두식 회장의 비서들이라면 당연히 마 회장의 명령을 받고 움직였을 거예요. 마 회장도 우리처럼 이데아를 잡으려고 한다는 뜻이죠. 이룩한 박사님을 납치한 사람도 마 회장일 가능성이 큽니다."

태리가 고개를 흔들었다.

"말도 안 돼요. 우리 담임 선생님이 마두식 회장님은 엄청 훌륭한 분이랬어요. 사람들을 위해 최첨단 과학 기술로 로켓도 만들고, 환경 보호를 위해서도 앞장서 노력하신다고요!"

김상욱 아저씨와 벨라 요원은 선뜻 입을 열지 못했다. 가끔은 겉모습이 전부가 아니라는 것을, 세상에는 바르지 않은 마음을 가진 어른도 많다는 사실을 어떻게 말해 줘야 할까.

마두식 회장은 분명히 이데아를 노리고 있다. 그렇다면 그 이유는 무엇일까. 마 회장이 꿈꾸는 우주 진출 사업 때문일까. 그럴지도 모른다. 물리 이데아들을 손에 넣는다면, 그래서 이데아들의 능력을 마음대로 쓸 수 있게 된다면 로켓 제작은 물론 우주 기지 건설에도 엄청난 도움이 될 테니까.

마 회장이 그 사업으로 얻게 될 이익을 좋은 일에 쓸지는 모르겠지만.

건우가 답답하다는 듯이 말했다.

"그냥 직접 가서 물어보면 안 돼요? 아저씨들도 이데아를 갖고 싶냐고 말이에요. 만약 그렇다고 하면 그냥 우리한테 양보하라고 하면 되잖아요."

"일단 상황을 좀 더 지켜보자. 지금까지 잡은 여섯 이데아들도 안전하게 지켜야 하니까, 우선 이 연구실의 보안을 강화해야겠어. 벨라 요원님은 마 회장의 뒷조사를 부탁드립니다. 아까 말씀하신 대로 이룩한 박사님이 그쪽에 붙잡혀 있을지도 모르니까요."

벨라 요원이 고개를 끄덕이며 말했다.

"알겠습니다. 하지만 마 회장이 붙잡고 있는 건 이룩한 박사님만이 아닐 수도 있어요. 평범한 엔진 제조 업체였던 에너지 킹이 한순간에 놀라울 정도로 발전했잖아요. 그 이유가 과연 단순히 마 회장 혼자만의 능력 때문일까요?"

"그 말씀은……."

"네, 마 회장도 이데아를 데리고 있을지도 모릅니다. 어떤 이데아인지는 알 수 없지만요."

김상욱 아저씨의 표정이 어두워졌다. 마 회장이 이데아를 데리고 있다면 그 이데아는 지금 무엇을 하고 있을까. 마 회장의 개인적인 욕심을 위해 힘들게 고통받고 있지는 않을까.

벨라 요원이 몸을 일으켰다.

"그럼 정보를 모으는 대로 연락드리죠. 이봐, 꼬마들. 너희도 조심해."

연구실의 분위기가 한층 무거워졌다.

김상욱 아저씨의 자신 없는 대답에 늘 장난기 가득한 건우의 얼굴마저 어두워졌다.

김상욱 아저씨는 자신과 마 회장의 상황을 비교하지 않을 수 없었다. 마 회장은 세계적인 기업의 주인인 데다가 엄청난 부를 소유하고 있다. 자신의 명령대로 움직이는 사람도 많다.

하지만.

김상욱 아저씨는 아이들의 축 처진 어깨를 바라봤다. 마꺼비를 잡으려면 일단 자신부터 힘을 내야 한다.

이데아들을 향한 애정과 그들을 보호해야 한다는 믿음. 그리고 우리의 반짝이는 아이디어만큼은 마 회장이 절대로 따라올 수 없을 것이다. 지금 가장 필요한 것은 잘 되리라는 희망과 서로를 믿는 마음이 아닐까.

"기죽지 말자, 얘들아! 마 회장의 방해에도 지금까지 잘해 왔잖니. 늘 그랬던 것처럼 또르도 우리가 잡았잖아! 마꺼비를 유인할 방법을 차분히 생각해 보자!"

희망을 되찾은 김상욱 아저씨와 달리, 에너지 킹의 회의실은 침통했다.

자기부상열차 시승식에 이데아가 나타날 줄이야! 이번에도 김상욱 박사에게 이데아를 빼앗길 줄이야!

블랙과 화이트를 번번이 무시하던 레드도 이번만큼은 그들을 탓하지 않았다. 하지만 마 회장은 화를 참지 못했다.

"그만! 지금 다큐멘터리 촬영이 중요해? 그 징그러운 개구리를 김상욱 박사한테 또 뺏겼잖아! 이룩한 박사, 당신한테도 실망이야. 큰소리만 뻥뻥 치더니 어떻게 된 거야!"

이룩한 박사가 블랙과 화이트에게 지시했다.

"전자석은 이틀 뒤면 완성됩니다. 자네들은 그때까지 드론 조작을 연습하도록. 전자석에 끌려가지 않을 정도로 강력한 드론이지만, 정신만 바짝 차리면 아무런 문제 없을 것이네."

하지만 마 회장은 여전히 팔짱을 낀 채 불쾌한 얼굴로 콧바람을 내뿜고 있었다.

레드가 조심스레 입을 열었다.

"만약의 상황에 대비해 이룩한 박사는 전면에 나설 수 없습니다. 이번 작전은 제가 책임지고 진행하겠습니다. 한 번만 더 믿어 주십시오."

마 회장의 속은 김상욱 박사에 대한 질투로 부글거렸다. 지금까지 무려 여섯 마리의 이데아를 빼앗겼다. 이제는 우주 진출과 부를 위해 이데아를 잡고 싶다기보다는, 김상욱 박사를 단 한 번만이라도 이겨보고 싶을 정도다.

　"이번이 마지막 기회야. 돈은 얼마든지 써도 좋으니 더 이상 내 자존심을 해치지 마."

　좀처럼 듣기 힘든 마 회장의 진지한 목소리에 비서들과 이룩한 박사는 서둘러 회의실을 빠져나갔다.

　텅 빈 회의실을 바라보며 마 회장은 생각했다.

　살다 보면 누구나 실패를 겪는다. 하지만 인간은 실패했을 때 끝나는 것이 아니라 포기했을 때 끝나는 것이다. 이데아를 잡을 때까지 절대로 포기하지 않겠다. 다음 승리는 반드시 내 것이다.

광훈 박사의 비밀 연구 일지

 빙글빙글 모터의 원리

> 오늘의 연구 대상

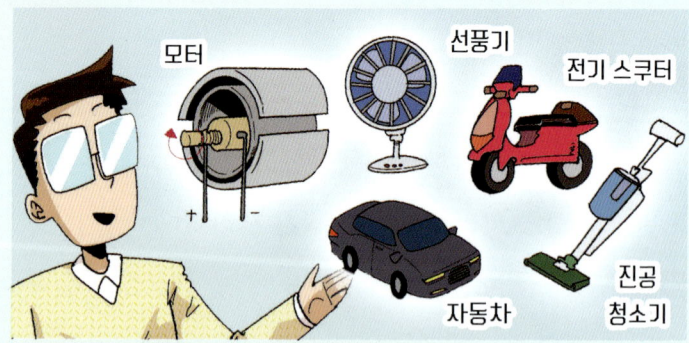

우리가 일상생활에서 사용하는 수많은 기계 속에는 모터가 들어있고, 모터에는 앞에서 배운 로렌츠 힘이 사용돼!

모터의 원리에 대해 조금 더 자세히 알아보자!

> 오늘의 일지

모터 속에는 뭐가 들었을까?

모터의 원리에 대해 알아보려면, 먼저 모터 속이 어떻게 생겼는지 들여다봐야겠지?

모터 속에는 자석과 전선이 있어. 바로 로렌츠 힘이 작용하기 위해 꼭 필요한 준비물이지. 전류가 흐르는 전선에 자석의 자기장이 작용해서 전선이 움직이면, 모터는 이 움직임을 빙글빙글 회전하는 운동으로 바꿔주는 아주 똑똑한 장치란다!

모터가 없는 세상은 상상할 수 없지!

모터는 어떻게 회전할까?

모터가 회전하는 비밀은 바로 **전선과 자석이 놓인 구조**에 있어. 둥글게 감긴 전선을 자석이 감싸고 있는 구조지. 이때 **전선에 전류가 흐르면, 전선의 양쪽에 서로 반대 방향의 힘이 작용**해. 그러면 전선의 한쪽은 위로, 나머지 한쪽은 아래로 움직여. 이 움직임이 반복되면, 전선은 멈추지 않고 회전하는 거야! 오른손을 이용해서 방향을 직접 확인해볼까?

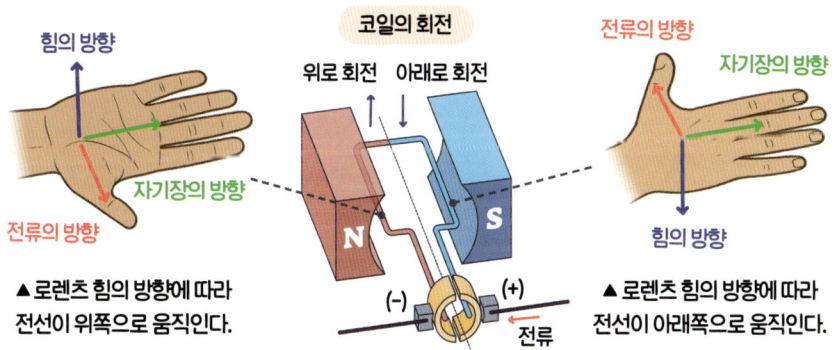

▲ 로렌츠 힘의 방향에 따라 전선이 위쪽으로 움직인다.

▲ 로렌츠 힘의 방향에 따라 전선이 아래쪽으로 움직인다.

생활 속 모터를 찾아보자!

모터는 우리 주변 곳곳에 숨어 있어. **선풍기, 전동칫솔, 세탁기, 드라이기, 로봇 장난감**까지! 전기를 연결하면 모터가 회전하고, 그 힘으로 다양한 기계들이 작동하지. 집에 있는 물건들이 작동하는 모습을 잘 살펴보면, **모터가 회전하는 소리**나 **모터가 떨리는 진동**을 느낄 수 있을 거야. 모터는 우리 생활을 편리하게 만들어주는 고마운 친구란다!

선풍기

세탁기

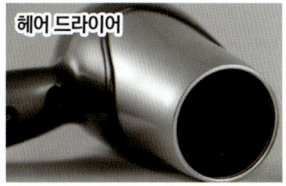
헤어 드라이어

> 오늘의 연구 결과
>
> # 모터는 로렌츠 힘이 만들어낸 회전 장치다!

이번엔 진짜 마 회장이 성공할 것 같은데…?

6

끝날 때까지
끝난 게 아니야!

이틀 뒤, 식물원을 개조한 포획 기지.

검은 양복을 빼입은 마 회장의 부하들이 기지 안팎을 지키고 있었다. 기지 안은 마꺼비의 눈길을 끌 만한 인공 연못과 다양한 식물들로 꾸며져 있었다. 그리고 마꺼비가 좋아하는 환경을 만들기 위해 대형 가습기로 습도와 온도를 높였다.

레드가 손에 든 리모컨의 버튼을 누르자, 기지 곳곳에 설치된 스피커에서 개구리 울음소리가 울려 퍼졌다.

"또르가 자기부상열차 역에 나타났을 때, 방송국 다큐멘터리 촬영팀이 찍은 또르의 영상에서 또르의 울음소리만 떼서 녹음했습니다."

레드가 말을 이었다.

"반려 로봇을 만드는 업체에 개구리 로봇 제작을 의뢰해 만든 '또르 로봇'입니다. 마꺼비가 기지 안으로 들어오면 이 또르 로봇이 마꺼비를 전자석 쪽으로 유인할 겁니다."

마 회장은 여전히 못 미더운 얼굴이었다.

레드가 다시 확신에 찬 목소리로 말했다.

"마꺼비는 또르를 끔찍이 아낍니다. 김상욱 박사와 함께 가는 또르의 모습을 보지 못한 마꺼비는 지금도 또르를 찾아 햇빛 마을 곳곳을 돌아다니고 있을 겁니다."

화이트가 상자에서 드론을 꺼냈다. 블랙이 리모컨을 들고 버튼을 조작하자 드론이 공중으로 떠올랐다. 드론은 조금의 흔들림도 없이 기지 곳곳을 자유롭게 날아다녔다.

레드가 말했다.

"이데아 캔도 충분히 준비해 놓았습니다. 마꺼비를 포획하면 다큐멘터리 촬영도 다시 시작하시죠. 방송국 사정으로 담당자가 바뀌었다고 조금 전에 연락을 받았습니다."

"촬영 얘기 좀 그만해! 지금 그게 문제야?"

마 회장의 얼굴은 여전히 퉁명스러웠지만, 가슴속에 가득하던 근심이 조금씩 흩어지기 시작했다.

모든 준비는 완벽하다. 마꺼비가 기지 안으로 들어오기만 한다면, 녀석은 절대로 빠져나갈 수 없다.

마 회장은 마지막으로 기지 안을 둘러봤다. 이윽고 마 회장의 쩌렁쩌렁한 목소리가 축축한 실내에 울려 퍼졌다.

그에 맞춰 비서들이 빠르게 흩어졌다. 마 회장도 흐뭇하게 휘파람을 불며 기지 밖으로 나갔다. 기지 안에 있던 누군가가 그들의 대화를 엿듣고 있다는 사실은 알지 못한 채.

마꺼비 포획 기지를 떠난 벨라 요원은 또만나 떡볶이를 향해 트럭을 몰았다. 가게에서는 김상욱 아저씨와 아이들이 음식 준비에 한창이었다. 벨라 요원은 '오늘은 쉽니다. 다음에 또 만나요!'라고 쓰인 안내판을 문에 붙인 뒤, 문을 굳게 잠갔다.

김상욱 아저씨와 아이들은 어리둥절한 얼굴로 테이블에 모여 앉았다. 벨라 요원은 모두에게 마 회장이 마꺼비를 잡기 위해 만든 기지에서 보고 들은 일을 들려주었다.

김상욱 아저씨가 고개를 끄덕였다.

"마꺼비를 잡으려고 식물원까지 사들이다니. 역시 대기업 회장답네요. 무거운 전자석을 설치한 것도 좋은 아이디어예요."

해나가 걱정스러운 목소리로 말했다.

"마꺼비가 정말 또르를 찾으러 거기까지 갈까요?"

"그건 두고 봐야겠지. 하지만 마꺼비가 식물원으로 들어가기만 한다면 마 회장의 계획은 성공할 수 있을 거야."

건우가 손을 번쩍 들었다.

"그럼 우리는 그 식물원 근처에 숨어 있다가 마꺼비가 나타나는 순간에 이데아 캔으로 얼른 잡아버려요!"

하지만 벨라 요원이 고개를 흔들었다.

"기지 주변을 지키는 마 회장의 부하들이 너무 많아. 이데아 캔 뚜껑을 열어 보기도 전에 붙잡힐걸?"

모두가 근심에 잠겼다. 마 회장에게 마꺼비를 빼앗기는 일은 생각도 하기 싫지만, 아무리 머리를 굴려도 좋은 방법이 떠오르지 않았다. 이데아 도감에 마꺼비에 대한 정보가 조금이라도 실려 있었더라면 얼마나 좋았을까.

김상욱 아저씨와 아이들이 아는 것은 마꺼비가 또르를 좋아한다는 사실뿐이다. 마 회장이 식물원을 기지로 개조했다는 점에서 마꺼비가 습하고 따뜻한 곳을 좋아한다고 추측할 수 있지만, 이제 와서 마 회장보다 번듯한 식물원을 짓는 건 무리다.

건우는 투덜거렸지만 김상욱 아저씨는 생각에 잠겼다. 잠시 후, 아저씨의 눈빛이 날카롭게 반짝였다.

김상욱 아저씨가 의자에서 벌떡 일어났다.

"맞아, 언제나 다른 방법이 있지. 우리도 준비를 시작하자! 벨라 요원님은 제가 지금부터 말하는 준비물을 가져다주세요."

한편, 어둑해진 밤. 기지 옆에 주차된 검은색 밴에 마 회장과 레드, 블랙, 이룩한 박사가 모였다. 그들은 차 안에 설치된 모니터를 통해 기지 안팎의 모습을 주시했다. 스피커에서 나오는 또르의 울음소리가 기지 주변을 시끄럽게 울렸다.

마 회장은 슬슬 밀려오는 지루함을 참으며 마꺼비를 기다렸다. 결국 마 회장의 입에서 하품이 나오려던 순간, 레드의 귓속에 장착된 이어폰에서 에너지 킹 직원의 목소리가 들렸다.

레드의 지시에 기지 앞을 지키던 부하들이 순식간에 흩어졌다. 밴에 탄 모두가 숨소리도 내지 못한 채 모니터를 노려봤다. 이윽고 어둠 속에서 낯익은 두꺼비가 모습을 드러냈다.

마꺼비는 또르의 울음소리가 들리는 기지 쪽으로 풀쩍풀쩍 뛰어갔다. 또르를 찾고 싶은 조급한 마음 때문일까. 마꺼비는 조금의 경계도 하지 않은 채, 식물원 안으로 들어갔다.

이룩한 박사는 전자석에 전류를 흘려보내는 버튼 위에 손을 얹었다. 마꺼비가 전자석 가까이 오기만 하면 망설임 없이 버튼을 누를 것이다.

마꺼비는 또르를 찾아 어둑하고 후텁지근한 온실 안을 뛰어다녔다. 마꺼비의 초조한 눈빛이 식물들 사이를 샅샅이 훑었다.

　레드가 리모컨을 누르자 나무 뒤에서 또르 로봇이 튀어나왔다. 또르 로봇은 마꺼비를 흘깃 쳐다보고는 전자석이 설치된 쪽으로 뛰어갔다. 그러자 또르와 다시 헤어질까 두려웠던 마꺼비는 그 뒤를 따라 뛰어가기 시작했다. 모두의 바람대로였다.
　움직임이 어색한 로봇에 불과했지만, 마꺼비는 일부러 어둡게 한 조명과 또르를 찾았다는 기쁨 때문인지 그 사실을 알아차리지 못했다. 곧이어 마침내 마꺼비가 전자석 앞에 섰다.

레드의 외침과 동시에 이룩한 박사가 버튼을 누르자 전자석에 전류가 흐르며, 강력한 자기장을 만들어 냈다. 그러자 마꺼비가 이상한 낌새를 눈치챌 틈도 없이 마꺼비의 몸이 전자석 쪽으로 순식간에 끌려가기 시작했다. 마꺼비는 온 힘을 다해 버텼지만, 몸이 점점 전자석과 가까워져만 갔다.

블랙이 리모컨을 조작하자 전자석 옆에 숨겨져 있던 화분 속에서 드론이 떠올랐다. 드론 밑에는 화이트가 뚜껑을 열어둔 이데아 캔이 매달려 있었다.

블랙의 능숙한 조작에 드론은 금세 마꺼비의 머리 위로 날아갔다. 곧이어 엄청난 빛이 마꺼비의 머리 위를 덮쳤다.

마꺼비는 눈을 질끈 감은 채 이데아 캔 속으로 빨려 들어갔다.

드론이 아래로 내려오자, 이번엔 나무 뒤에 숨어 있던 화이트가 뛰어나왔다. 화이트는 재빨리 이데아 캔의 뚜껑을 닫았다.

화이트가 기쁨의 탄성을 내질렀다. 기지 바깥의 밴에서는 더 큰 함성이 울려 퍼졌다. 마 회장과 두 비서들은 밴에서 뛰어내려 기지 안으로 달려갔다.

마 회장과 비서들은 서로 부둥켜안은 채 펄쩍펄쩍 뛰었다. 마 회장의 눈에서 폭포 같은 눈물이 쏟아졌다. 드디어 기나긴 굴욕이 막을 내렸다. 일곱 번째 이데아는 우리의 것이다!

마 회장은 그동안 고생한 비서들의 등을 퍽퍽 두들겨 주었다. 처음으로 칭찬을 받은 비서들의 얼굴에도 환한 웃음꽃이 피었다.

홀로 남은 마 회장은 벅찬 얼굴로 기지를 돌아봤다. 지금까지 쓴 돈이 조금도 아깝지 않았다. 건물을 사들인 김에 자신의 이름을 딴 식물원으로 개조해도 괜찮겠다는 생각이 들었다.

마 회장은 이데아 캔을 소중히 끌어안은 채 기지 밖으로 나갔다.

그 순간, 마 회장의 얼굴 위로 눈부신 조명이 쏟아졌다.

"그린 히어로, 마두식 회장 24시! 이번 편은 깜짝 생방송으로 진행합니다. 마 회장님, 방금 나오신 식물원은 어떤 곳인가요?"

갑작스러운 카메라의 등장에 마 회장의 얼굴이 얼어붙었다. 강한 조명에 눈앞이 제대로 보이지 않는 와중에도, 마 회장은 이데아 캔을 얼른 등 뒤로 감췄다.

안경을 쓴 수상한 여자는 마 회장이 대답도 하기 전에 이데아 캔을 어깨에 멘 가방에 넣었다. 마이크가 다시 마 회장의 코 앞으로 다가왔다.

콧수염을 기른 리포터가 유난히 땀을 쏟으며 질문을 퍼부었다. 담당자가 바뀌었다고 하더니 새로 온 리포터인 모양이다.

카메라가 꺼지자, 안경을 쓴 여자가 이데아 캔을 다시 마 회장에게 돌려주었다.

마 회장은 이데아 캔을 껴안은 채 밴 쪽으로 걸어갔다. 왠지 찜찜한 느낌은 큰 성공을 거둬서 얼떨떨한 기분 탓일 것이다.

아니면…… 저녁을 굶어서 그런가?

6. 필요할 때만 작동하는 자석이 있다?

오늘의 연구 대상

마 회장이 전자석 쪽으로 끌려간 마꺼비를 손쉽게 잡아냈어!
그만큼 전자석이 엄청난 능력을 가진 걸까?

전자석에 대해 알아보자!

오늘의 일지

전자석, 정체를 밝혀라!

전자석은 전류가 흐를 때, 자기장이 발생하는 원리를 이용해 만든 자석이야. 전자석 안에는 동글동글하게 감긴 코일이라는 전선이 들어있는데, 전기가 흐를 때만 자석처럼 작동하지. 그래서 필요한 순간에만 자석으로 활용할 수 있단다.

이런 특징 덕분에 전자석은 **크레인, 초인종, 잠금장치** 등에 널리 쓰이고 있어.

전자석을 더 강하게 만들려면?

전자석은 조건에 따라 세기를 조절할 수 있어. 더 강한 전자석을 만들고 싶다면 어떻게 해야 할까?

① **전류를 더 세게 흘리기**: 전류가 세질수록 자기장도 강해져.
② **코일을 더 많이 감기**: 코일을 많이 감을수록 자기장이 여러 겹 겹쳐져서 더 강해져.
③ **철심을 넣어서 자기장이 모이게 하기**: 철은 자기장을 더 잘 전달할 뿐만 아니라, 자기장을 한 방향으로 집중시키기 때문에 자기장의 힘이 훨씬 강해지지.

이 세 가지 방법을 잘 조절하면 아주 강력한 전자석을 만들 수 있어!

실생활 속 전자석을 찾아보자!

전자석은 과학 시간에 실험할 때만 사용하는 도구가 아니야. 우리 생활 곳곳에서 열심히 활약하고 있지!

가장 대표적인 장치가 **크레인**이야. 버튼을 누르면 크레인 끝에 달린 커다란 장치에 전기가 통해서 전자석이 되고, 무거운 철 덩어리를 척 하고 들어 올리지. 또, **초인종** 소리도 전자석 덕분이야. 초인종을 누르면 그 순간에만 전기가 흘러서 전자석이 작동하고, 그 힘으로 종을 울리는 거야. **잠금장치**에 전자석이 쓰일 때도 있어. 필요할 때만 문을 열고 잠글 수 있게 해주거든.

이처럼 **전자석은 필요할 때만 힘을 쓰고, 필요 없을 땐 쉬는 똑똑한 자석**이란다!

크레인

초인종

잠금장치

오늘의 연구 결과

전자석은 전류가 흐를 때만 자석이 된다.

마 회장에게는 미안하지만, 이번에도 성공…!

물리 이데아
·도감·

NO.7
마꺼비

자기 이데아

싫어하는 것
또르와 헤어지는 것

키
40센티미터

몸무게
20킬로그램

특성
무척 온순하다.
자신에게 위협을 가하지 않는 이상 먼저 공격하지 않는다.
철 성분이 포함된 물체를 강력하게 끌어당길 수 있다.
주의! 마꺼비 앞에서 또르를 괴롭히지 말 것!

좋아하는 것
또르, 습하고 따뜻한 환경

마꺼비가 일으킨 현상 분석

현상	원인	질문
① 깜빡거리는 전등	전자기 유도	자석은 가만히 있고 전선이 움직여도 전류가 발생하나요? 그럼! 발전소의 발전기는 고정된 자석 안에 있는 도선 뭉치가 회전하여 전기를 만든단다.
② 치아의 보철 때문에 마꺼비를 향해 끌려간 화이드의 덕	자석	한번 자석은 영원한 자석인가요? 특별한 일이 없으면 그렇지. 다만 매우 강한 충격을 주거나 뜨거운 불에 오래 가열하면 자석의 힘이 사라질 수도 있어.
③ 바닥에 뒹군 공장의 철문	자석	모든 금속은 자석에 붙나요? 아니, 꼭 그런 건 아니야. 알루미늄, 구리, 금 등의 금속은 자석에 붙지 않는단다.

 ## 마꺼비 포획 작전

포획 팁	자기 이데아 마꺼비는 전류가 흐르면 자석이 되는 전자석의 원리를 활용해 잡을 수 있다.
준비물	식물원, 무거운 전자석, 전류, 드론
포획 방법	① 식물원을 마꺼비 포획 기지로 개조한다. ② 기지 안에 무거운 전자석을 설치한다. ③ 마꺼비를 유인한 후 전자석에 전류를 흘린다. ④ 전자석이 작동하면 마꺼비가 전자석에 붙는다. ⑤ 전자석에 붙은 마꺼비를 이데아 캔 안에 넣는다! → 마꺼비 포획 성공!

전류가 흐를 때만 자석이 되는 전자석의 원리를 활용해 포획에 성공했네!

— 김상욱 아저씨

김상욱 아저씨와 아이들, 벨라 요원은 가게 안에 뛰어들자마자 문을 잠갔다. 그리고는 다들 가쁜 숨을 내뱉으며 가발과 모자 같은 변장 도구들을 벗어 던졌다. 이제는 마음을 놓아도 된다는 생각이 들자, 그제야 다 같이 웃음을 터뜨렸다.

곧이어 모두가 머리를 맞대고 건우가 찍은 영상을 확인하기 시작했다. 카메라는 건우, 조명 기기는 태리와 벨라 요원 담당이었다. 콧수염을 달고 리포터로 분장한 김상욱 아저씨와 당황해서 말을 더듬는 마 회장의 모습에 다시 한번 웃음이 터졌다.

김상욱 아저씨가 벨라 요원에게 말했다.
"방송 장비들을 준비하느라 고생하셨습니다. 방송국 버스도 감쪽같던데요?"
"개구리를 잔뜩 가져오라는 부탁보다는 훨씬 쉬우니까요. 그래도 다행히 자기 이데아도 우리 손에 넣었네요."

해나가 가방에서 이데아 캔을 꺼내 테이블에 올려놓았다. 이제는 마꺼비도 또르를 찾아다닐 걱정 없이 편안하게 잠들어 있을 것이다.
태리가 이데아 캔을 쓰다듬었다.

해나가 말했다.

"이번에는 잘 넘어갔지만 앞으로가 걱정이네요. 앞으로도 분명히 그 아저씨가 방해할 텐데."

"그 걱정은 미래의 우리에게 맡기자. 마 회장이 돈도 많고 유명하긴 하지만 우리에게는 우리만의 무기가 있으니까."

"그게 뭔데요?"

김상욱 아저씨가 아이들의 어깨를 다정하게 감쌌다.

"우리의 우정과 뭐든지 뚝딱 준비해 주는 벨라 요원. 그리고……."

아이들은 얼굴을 찡그렸지만, 아무도 김상욱 아저씨를 밀어내지는 않았다. 또만나 떡볶이 가게에 마침내 평화로운 웃음소리가 울려 퍼졌다.

쿠키 2

마 회장과 비서들은 터질 듯한 배를 두드리며 에너지 킹의 비밀 연구실로 들어갔다. 이룩한 박사는 수상한 생명체가 몸을 힘없이 늘어뜨리고 있는 대형 수조 앞에 서 있었다. 자기 이데아 마꺼비를 보관할 새로운 수조도 그 옆에 준비되어 있었다.

마 회장은 수상한 생명체가 담긴 수조를 톡톡 두드렸다.

"이봐, 새 친구도 왔으니 좀 더 힘을 내 봐. 너도 아직 나를 위해 해 줄 일이 많다고."

불쾌한 목소리에 생명체가 눈을 번쩍 뜨더니 몸을 마구 비틀었다.

마 회장은 움찔하며 뒤로 물러섰다.

"아직도 정신을 못 차렸군. 넌 여기에서 절대로 못 나간다고 했잖아!"

마 회장은 투덜거리며 코트 속에서 이데아 캔을 꺼냈다. 그리고 이룩한 박사와 함께 새 수조 쪽으로 걸어갔다.

이룩한 박사가 이데아 캔을 향해 손을 뻗었다.

"주십시오. 제가 수조 안에 넣겠습니다."

"무슨 소리! 이런 뜻깊은 순간을 당신한테 넘길 것 같아? 내가 직접 할 거야!"

이룩한 박사는 마음대로 하라는 듯 수조에 걸쳐진 사다리를 가리켰다. 마 회장은 이데아 캔을 옆구리에 낀 채 뒤뚱거리며 사다리를 올라갔다.

마 회장은 이데아 캔 입구에 큼직한 얼굴을 들이밀었다. 벨라 요원이 특별 제작한 가짜 이데아 캔이라는 사실은 조금도 모른 채. 그 순간, 바닥에 붙어 있던 유난히 크고 징그러운 두꺼비가 마 회장의 얼굴에 철썩 달라붙었다.

　팔다리를 허우적거리던 마 회장은 결국 수조 속으로 떨어졌다. 마 회장은 살려 달라는 말도 못 한 채 두꺼비와 함께 수조 속에서 몸부림쳤다. 마 회장의 얼굴은 그 어느 때보다도 일그러졌지만, 물 속에서 헤엄을 치게 된 두꺼비는 몹시 행복해 보였다.
　그곳에 모인 누구보다도.

8권 미리보기

햇빛 초등학교에서 열린 운동회!
신나고 재미있는 게임들이 기다리고 있다!

> 모두의 기대로 가득찬 운동회장

김상욱 아저씨는 매콤달콤 삼총사를 위해
벨라 요원과 함께 운동회에 참가한다.

> 아저씨, 여기예요!

> 얘들아, 화이팅!

교과 연계

초등 | 4학년 1학기 | 자석의 이용
초등 | 6학년 1학기 | 지구의 운동
초등 | 6학년 2학기 | 전기의 이용

⑦ 자기: 왜 자꾸 끌려가지?

기획 김상욱 | **글** 김하연 | **그림** 정순규 | **자문** 강신철

1판 1쇄 발행 2025년 6월 25일
1판 3쇄 발행 2025년 11월 7일

펴낸이 김영곤
프로젝트3팀 이장건 김혜지 박예진 김정현
영업팀 정지은 남정한 한충희 장철용 강경남 황성진 김도연 이민재
디자인 김단아
제작팀 이영민 권경민

펴낸곳 ㈜북이십일 아울북
출판등록 2000년 5월 6일 제406-2003-061호
주소 (10881) 경기도 파주시 회동길 201(문발동)
대표전화 031-955-2100 **팩스** 031-955-2177 **홈페이지** www.book21.com

© 2025 김상욱 · 김하연 · 정순규 · 강신철

ISBN 979-11-7117-481-2 74400
ISBN 979-11-7117-100-2 74400 (세트)

책값은 뒤표지에 있습니다.
이 책 내용의 일부 또는 전부를 재사용하려면 반드시 (주)북이십일의 동의를 얻어야 합니다.
잘못 만들어진 책은 구입하신 서점에서 교환해드립니다.

- 제조자명 : (주)북이십일
- 주소 및 전화번호 : 경기도 파주시 문발동 회동길 201(문발동) / 031-955-2100
- 제조년월 : 2025.11
- 제조국명 : 대한민국
- 사용연령 : 3세 이상 어린이 제품

• **이미지 출처** 게티이미지코리아(29쪽, 47쪽, 121쪽, 147쪽)

다양한 SNS 채널에서 아울북과 을파소의 더 많은 이야기를 만나세요.

물리박사 김상욱의 수상한 도서 추천

기대하시라!

자기 이데아 마꺼비처럼 강력한 매력으로 여러분을 빠져들게 할 책을 소개합니다.

너무 재밌어 보인다!

다음 페이지에서 확인하세요!

완벽해!

떠든 사람
김건우
마꺼비

추천 도서 1

"생각을 끌어당기는 단어의 힘!"

책 보러가기

★ **추천하는 이유!**

아이들은 언어를 통해 스스로 사고를 정립하고 세계관을 형성해 나갑니다. <내가 만드는 초등 첫 가치 사전>은 어휘 주머니를 풍성하게 채워 사고의 세계를 확장하면서 새로운 가치를 발견해 낼 눈과 다채롭게 꾸밀 수 있는 힘을 길러줍니다.

★ **한 줄 마무리!**

나만의 언어로 쓰는
세상에 하나뿐인 사전 만들기!